Reise durch

LEIPZIG

Bilder von
Tina und Horst Herzig

Texte von
Bernd Weinkauf

Stürtz

Erste Seite:
Vom Portal des 1907 im Stile des Historismus erbauten Messe- und Pelzhandelshauses „Steibs Hof“ blickt Lipsia, die hypothetische Schutzgöttin der Stadt, auf die Nikolaistraße.

Vorherige Seite:
Vom zentrumsnahen Johannapark aus betrachtet, scheinen der 114 Meter hohe Rathausturm (rechts) und das 142 Meter hohe City-Hochhaus (ehemaliges Universitätshochhaus) fast gleich groß zu sein.

Unten:
Auf Leipzigs unterirdische Sensation, das weltbekannte Restaurant „Auerbachs Keller“, wird in der Grimmaischen Straße auch oberirdisch aufmerksam gemacht.

Seite 10/11: *Wer sein Geschäft am Thomaskirchhof betreibt, kommt um den großen Johann Sebastian Bach nicht herum; ob Kirche, Museum, Archiv, Souvenirshop, Kneipe oder Pralinen – hier ist alles Bach.*

Inhalt

Conditorei
Teehaus
Cafe
KANDLER
Himmlische Verführung
Bach-Taler
KANDLER

LIEBESLADEN
Buchhandlung an der Thomaskirche

Mitten in Europa: Leipzig

Die Sommermonate des Jahres 1785 verbrachte Friedrich Schiller auf Einladung von Leipziger Bewunderern in einem Bauernhaus des Dorfes Gohlis, das längst zur Stadt eingemeindet ist. Der Schillerverein hat dort im Jahre 1842 das erste deutsche Literaturmuseum eingerichtet.

Leipzig ist zwar nicht geografisch exakt die Mitte Europas, aber doch in etwa „die gefühlte“. Immerhin liegt die Stadt gleich weit – circa 1500 Kilometer – entfernt von Madrid und Moskau, vom Bosporus und den Faröer-Inseln. Gründe, nach Leipzig zu kommen, gab und gibt es zahlreiche. Und die Wege dazu auch. Da die allbekannte Redensart, wonach alle Wege nach Rom führen, ohnehin eher spirituell als verkehrstechnisch zu verstehen ist, darf man wohl, ohne schamlos übertreiben zu müssen, behaupten, dass Leipzig im Schnittpunkt aller – mitteleuropäischen – Wegführungen liegt. Ein niedriger Felsrücken in einer ansonsten wasser- und sumpfreichen Flussauenlandschaft bot schon früh Raum zum Siedeln. Aus Leipzigs frühester Zeit, lange vor Brief und Siegel, kündet eine Sage vom Leben der Leute. Diese waren slawische Siedler, die hier in Wald und Wasser gefunden hatten, was Leben ermöglicht: Nahrung und Energie. Die Sage berichtet von der lauernden Gefahr in Gestalt eines gefräßigen Drachens, zu dessen Besänftigung ein Opfer gebracht werden musste. Man zog das Los und es traf – die Prinzessin mit dem schönen Namen Ankomarinde. Aber wo ein Drache lauert, ist Ritter Georg nicht weit. Er tötete auch diesen Drachen und verlangte als Gegenleistung lediglich, dass seinem Pferd das im Kampf verlorene Eisen ersetzt würde. Ergriffen von solcher Ritterlichkeit suchten die erlösten Ur-Leipziger das verlorene Hufeisen und hängten es zur ewigen Erinnerung an ihren Retter an die Stammeslinde. Die hieß in ihrer Sprache „lipa“, woraus dann im Laufe der Zeit der Name Leipzig entstehen sollte. Als die „heidnische“ Linde dem missionarischen Eifer christlicher Mönche weichen musste, fügten sie die Reliquie des inzwischen zum Heiligen avancierten Georg in ihren Kirchbau. Zum Beweis, dass die Geschichte wahr ist, kann man das Hufeisen als ältestes Leipziger Wahrzeichen noch heute an der Nikolaikirche sehen.

Dass Ritter Georg seinerzeit in unsere Gegend gekommen ist, war wohl nicht dem Zufall geschuldet, denn der Flecken bei den Linden lag äußerst verkehrsgünstig. Älteste Karawanenrouten, die – wie die berühmte Seidenstraße – ganze Kontinente durchzogen und den Orient mit Skandinavien, den Atlantik mit der Wolga verbanden, trafen in dieser Region aufeinander. Die daraus hervorgegangenen Alt-Straßen Via Regia (die Reichsstraße als West-Ost-Verbindung) und Via Imperii (die Königsstraße als Nord-Süd-Verbindung) haben genau genommen bis auf die jüngste Zeit Bedeutung, wenn man sich vergegenwärtigt, dass das erste deutsche Autobahnkreuz, das genau diese Himmelsrichtungen bedient, 1936 vor den Toren Leipzigs als „Schkeuditzer Kleeblatt" entstanden ist. Auch der riesige Hauptbahnhof verdankt seine Existenz im Grunde genommen dieser Tradition. Nach amerikanischem Vorbild hatte der Volkswirt Friedrich List angeregt, Leipzig wegen seiner zentralen Lage zur „Herzkammer des deutschen Eisenbahnwesens" auszubauen. So entstanden in wenigen Jahren drei Bahnhöfe, von denen Züge in verschiedene Richtungen starteten. Weil die Umsteigerei von einem zum anderen auf die Dauer aber recht mühselig war, einigten sich schließlich die Eisenbahnverwaltungen von Sachsen und Preußen und eröffneten 1915 gemeinsam den „größten Kopfbahnhof Europas", wie in Leipzig immer wieder stolz betont wird. Seine gewaltige Dimension ergibt sich daraus, dass es eigentlich zwei Bahnhöfe sind, die hier miteinander vereint stehen. (Nur weil immer wieder danach gefragt wird: Der größte Kopfbahnhof der Welt wurde anlässlich der Weltausstellung von 1904 in St. Louis, Missouri, erbaut.)

Handels- und Messestadt

Hauptzweck der 1839 eröffneten ersten deutschen Ferneisenbahn zwischen Leipzig und Dresden war die Beförderung von Gütern. Schließlich ist Leipzig seit Urzeiten ein Umschlag- und Handelsplatz für Waren aller Art, der seine höchste Wertschätzung schon im Jahre 1497 mit der Aufwertung des Leipziger Jahrmarktes zur Reichsmesse erfuhr, die unmittelbar unter dem Schutz des deutschen Kaisers stand. Als die deutsche Burg von Leipzig im Jahre 1015 erstmals schriftlich erwähnt wird, waren hier bereits, wie im Schutze anderer Burgen auch, längst regelmäßige Märkte etabliert. Diese Ersterwähnung geschah übrigens im Zusammenhang mit einer Reise, die allerdings unglücklich endete. Bischof Eid von Meißen verstarb auf dem Wege nach Merseburg „in urbe libzi vocata" (in dem Orte Libzi genannt),

Nur wenige Schritte vom Neuen Rathaus entfernt beginnt der Auewald, der hier in die Reviere Johannapark, Clara-Zetkin-Park, Scheibenholz und Nonnenholz gegliedert ist.

wie der Chronist seinerzeit vermerkte. Später, in der zweiten Hälfte des 13. Jahrhunderts, legten vor allem Nürnberger Kaufleute in Leipzig Zwischenlager an und waren in der Folge als Großkaufleute hier sesshaft geworden. Diese Fernhandelskaufleute, die sich Fieranten nannten, bestimmten wesentlich den Wert des Handelsplatzes Leipzig. Ein Schutzbrief des Markgrafen Dietrich von Landsberg vom Jahre 1268 garantierte den Schutz und die Unversehrtheit der zur Messe reisenden fremden Kaufleute und ihrer Waren selbst für den Fall, dass er mit deren Landesherren in offener Fehde liegen sollte. Die Landsberger Pfähle im goldenen Feld, das Wappen des damaligen Landesherrn, zeigt Leipzig übrigens noch heute im Stadtwappen, gemeinsam mit dem Löwen des Fürstenhauses Wettin. Leipzigs Rang als Reichsmessestadt ist dadurch nachhaltig gefestigt worden, dass Kaiser Maximilian im Jahre 1507 der Stadt das Privileg des Stapel- und Niederlagerechts verbriefte. Es garantierte der Stadt, dass in einem Umkreis von circa 115 Kilometern keine neuen Zwischenlager, Niederlagen genannt, eingerichtet werden durften. Zudem mussten alle Waren, die in oder durch das markierte Gebiet transportiert wurden, auf vorgeschriebenen Wegen, den Geleitstraßen, nach Leipzig gebracht, gewogen, verzollt und drei Tage lang zum Verkauf angeboten werden. Der Profit, den hiesige Kaufleute aus ihrem Vorkaufsrecht und dem Zwischenhandel zogen, bildete die Grundlage für den allgemeinen Aufschwung der Stadt im 16. Jahrhundert. In dieser Blütezeit der Messen zog es Kaufleute aus Frankreich, Flandern, England und Italien nach Leipzig, um hier sesshaft zu werden. Zwischen 1523 und 1592 wurden in der Stadt 18 jener Kaufmannshöfe erbaut, die Johann Wolfgang von Goethe noch 200 Jahre später als „Halbstädte" so imponierend empfunden hat: „Jedoch ganz nach meinem Sinn waren die mir ungeheuer scheinenden Gebäude, die, nach zwei Straßen ihr Gesicht wendend, in großen, himmelhoch umbauten Hofräumen eine bürgerliche Welt umfassend, großen Burgen, ja Halbstädten ähnlich sind." Angesichts dieser Entwicklung ist auch verständlich, was der Historiker Christian August Clodius im Jahre 1779 niedergeschrieben hat: „Leipzig, die Stadt, wo so viele wirksame Fremdlinge mit dem Stabe in der Hand hereinkamen, und durch Talent, Fleiß und Segen Gottes, Tonnen Goldes erwarben." Einer, bei dem das mit dem Gold-Erwerb in

Leipzig nicht so gut funktioniert hat, war Gotthold Ephraim Lessing. Doch selbst er wusste in den 1740er-Jahren an der Messestadt zu schätzen, dass man hier „die ganze Welt im Kleinen" sehen könne. Noch im 20. Jahrhundert profitierte das Leben in Leipzig ganz von der Ausstrahlung der Messe. Der aufmerksame Chronist Victor Klemperer hat das im Jahre 1917 so erlebt: „Die Flutwelle der Messe hat sich verlaufen, und es ist doch keine Ebbe eingetreten. Leipzig kennt keine Ebbe."

Auerbachs Keller

Der Fernhandel transportierte aber nicht nur Güter, zugleich diente er der Verbreitung neuer Ideen und Erkenntnisse. Kaufleute kündeten von der Lebensqualität der reichen Handelsstädte. Als die Querelen zwischen den Nationen an der Prager Universität geordneten Lehrbetrieb nicht mehr gestatteten, verließen im Frühjahr 1409 etwa dreihundert Studenten, Magister, Doktoren und Professoren die böhmische Hauptstadt, um eine neue Universität zu gründen. Sie entschieden sich für Leipzig, von der günstigen Lage und dem vorteilhaften Ruf dieser Stadt angezogen. So wurde eine der ältesten deutschen Universitäten begründet, die schon bald zu einer der führenden aufblühte. Zu den großen Persönlichkeiten des ersten Jahrhunderts darf der Mediziner Heinrich Stromer von Auerbach gezählt werden, dessen „Nebenverdienst", die Öffnung seines Weinkellers – Auerbachs Keller – als Treffpunkt für die studentische Jugend und weit gereiste Kaufleute, besser in Erinnerung geblieben ist als seine akademischen Meriten. Er war es, der in Leipzig die Anatomie begründet hat, die Pest erforschte und als Rektor dafür sorgte, dass wir noch heute wissen können, zu welchen Themen Mediziner seinerzeit zu Doktoren promoviert wurden. Zudem war er ein bekennender Anhänger der Reformatoren um Martin Luther und Philipp Melanchthon und kannte wohl auch den berühmt-berüchtigten D. Johann Faust persönlich. Zu Pfingsten 1539 predigte Luther in Leipzig den neuen Glauben und im Jahre 1545 weihte er die Kirche des in Folge der Reformation aufgelösten Dominikanerklosters St. Pauli zur Universitätskirche. Dass gerade dieser alte und durch vielerlei Ereignisse so bedeutungsträchtige Bau aus atheistischer Verblendung heraus im Jahre 1968 gesprengt wurde, hat bei vielen Leipzigern so tiefe Verletzungen hinterlassen, dass diese in jüngster Zeit, beim Streit darüber, ob die Kirche beim Neubau der Universität historisch genau nachgebaut werden solle, erneut schmerzhaft aufbrechen konnten.

Unter den zahlreichen Leipziger Passagen gehört sie zu den jüngsten: die Passage im 1997 neu erbauten Haus „Zum Strohsack". Der Hausname verweist auf die Geschichte des Grundstücks, auf dem im 16. Jahrhundert eine Studentenburse stand.

Bedeutende Geister

Unmöglich, die Bedeutung der Universität für die Vermehrung des Weltwissens in Kürze zu beschreiben. So seien ein paar wenige Namen genannt, deren Auswahl keinen Anspruch auf eine Rangfolge erheben darf. Für die Entwicklung der Naturwissenschaften sollen der Begründer der Montanwissenschaft Georgius Agricola, das Universalgenie Gottfried Wilhelm Leibniz und der dänische Astronom Tycho Brahe stehen, die hier studiert haben. Von Forschern und Lehrern aus jüngerer Zeit seien zwei Nobelpreisträger genannt: der Chemiker Wilhelm Ostwald, dessen Forschungen zur Farbenlehre noch immer Nutzen stiften, und der Physiker Werner Heisenberg, der in Leipzig maßgeblich die Technologie der Kernspaltung mitentwickelt hat. Nicht minder bedeutend ist die Universität für die Geisteswissenschaften. Der bekannteste Student der Juristenfakultät mag wohl Goethe gewesen sein, der in Leipzig aber nicht zum „Paragrafenhengst" wurde, sondern zum Dichter, wenngleich er dank seiner Ausbildung später in Weimar erfolgreich als Minister tätig war. Dass er an seiner Universität denn auch zu einem bevorzugten germanistischen Forschungsgegenstand geworden ist, scheint folgerichtig: Georg Witkowski, Hermann Korff („Der Geist der Goethezeit") und Hans Mayer haben die Goethe-Forschung maßgeblich bestimmt. Der Jurist und Historiker Theodor Mommsen arbeitete hier an seinem 1902 mit dem Nobelpreis für Literatur geehrten Standardwerk „Römische Geschichte". Der Germanist Theodor Frings verfasste die „Grundlegung einer Geschichte der deutschen Sprache" und als Studenten seien so unterschiedliche Temperamente genannt wie Friedrich Nietzsche und Karl Liebknecht, Erich Kästner und Uwe Johnson.

Ein Lexikon des 18. Jahrhunderts merkt an, dass Leipzig und seine Umgebungen wegen der ebenen Landschaft prädestiniert seien, daselbst Schlachten zu schlagen. Wenn man die Chroniken durchforscht, mangelt es nicht an Beweisen für diese Aussage. Alle großen Kriege in Mitteleuropa haben Leipzig in Mitleidenschaft gezogen. Aus dem Dreißigjährigen Krieg ist an der Moritzbastei noch eine kleine Pyramide von Steingeschossen jener Zeit zu sehen. Bei Breitenfeld und Lützen, im nächsten Umfeld

der Stadt gelegen, künden Denkmale von den Schlachten des Schwedenkönigs Gustav II. Adolf. Für Leipzig brachte die schwedische Besatzung eine Neuerung, von der wir alle bis heute profitieren. Im Jahre 1642 beauftragte der schwedische Kriegskommandant den Buchdrucker Timotheus Ritzsch mit der Herstellung eines täglich erscheinenden Nachrichtenbulletins. Diesen Auftrag entwickelte der Leipziger Unternehmer nach Abzug der Schweden findig weiter und gab ab 1650 „Neueinlaufende Nachrichten von Kriegs- und Welt-Händeln" heraus, die erste deutsche Tageszeitung, die dann unter dem Namen „Leipziger Zeitung" bis 1924 erschien.

Leipziger Völkerschlacht

Der Siebenjährige Krieg, in dessen Verlauf Leipzig bis 1763 sechs Jahre, sechs Monate und sechs Tage lang von preußischen Truppen besetzt war, vermittelte die zukunftsweisende Erkenntnis, dass Stadtmauern und -gräben keine Bedeutung mehr für die Sicherheit der Stadt hatten. Bürgermeister Carl Wilhelm Müller begann deshalb 1778 mit deren planmäßigem Abbruch und ließ statt dessen öffentliche Grünanlagen anpflanzen. In einer dieser Anlagen ist ihm später „Von den dankbaren Bürgern Leipzigs" ein Denkmal gesetzt worden.

Untrennbar verbunden mit dem Namen der Stadt ist eine der gewaltigsten Kriegshandlungen in Europa: die Leipziger Völkerschlacht vom Oktober 1813. Im Ergebnis der Niederlage der französischen Armee und ihrer Verbündeten, zu denen Sachsen gehörte, wurde der politische Fortschritt, den das republikanische Frankreich auch für Deutschland hätte bringen können, gehemmt. Die Fürstenthrone hatten gewackelt, aber noch hielten sie stand, zur Enttäuschung derer, die aufopferungsvoll gegen Fremdherrschaft und zugleich für Freiheit im eigenen Land gekämpft hatten. Sachsen wurde nach dem Krieg um drei Fünftel verkleinert, blieb aber als Königreich von Napoleons Gnaden bestehen. Ohne zu übertreiben, darf man sagen, dass die Erinnerung an jenes nun doch schon lange zurückliegende Ereignis in Leipzig noch sehr präsent ist: Das unübersehbare Völkerschlachtdenkmal und die etwas exotisch anmutende russische Gedächtniskirche, beide zum hundertsten Jahrestag der Schlacht errichtet, ebenso die über die gesamte Stadt verteilten Apel-Steine, die das damalige Schlachtfeld markieren, und viele andere Erinnerungsmale lassen das Ereignis nicht in Vergessenheit geraten. Von den Zerstörungen war die Innenstadt weniger betroffen als die Dörfer ringsum, die nach dem Krieg wieder aufgebaut wurden

Pyramide und Kuppelturm verleihen Sachsens größtem Freizeitpark „Belantis" im ehemaligen Braunkohleabbaugebiet ein exotisches Aussehen.

und bald größer waren als zuvor. Auch Leipzig nahm eine schnelle Entwicklung über seine alten Grenzen hinaus, so wurde der Augustusplatz als eine großzügige Platzanlage angelegt, an der binnen zweier Jahrzehnte wichtige Gebäude entstanden waren: der Neubau der Universität, die Hauptpost, das Neue Theater und das Bildermuseum. Theodor Fontane traf am 31. März 1841 in Leipzig ein, um hier seine Ausbildung zum Apotheker abzuschließen. In seinen Lebenserinnerungen „Von Zwanzig bis Dreißig" ist zu lesen: „Zwei Drittel der Reise hatte ich per Bahn zurückgelegt; das letzte Drittel per Post. Nun hielten wir vor dem eben erst fertig gewordenen großen Postgebäude, den Platz mit Universität und Paulinum in voller Ausdehnung vor uns. Es mochte sechs Uhr sein; die Luft war weich, die Sträucher in den Anlagen hatten schon grüne Knospen. Über allem lag ein feiner Dämmer. Ich reckte und streckte mich, atmete hoch auf und hatte das Gefühl eines gewissen Geborgenseins. Es war auch so. Das mit den ersten Eindrücken hat doch was auf sich. – Das Neubertsche Haus lag in der Hainstraße, sodass ich, um dorthin zu gelangen, den echtesten und schönsten Teil von Leipzig, die Grimmasche Gasse und den Rathausplatz, zu passieren hatte. Mein Gepäckträger ging neben mir her und machte in gutem Sächsisch den Führer. Ich war ganz benommen und möchte behaupten, dass, soweit Architektur und Stadtbild in Betracht kommen, nichts wieder in meinem Leben einen so großen, ja komisch zu sagen, einen so berauschenden Eindruck auf mich gemacht hat wie dieser in seiner Kunstbedeutung doch nur mäßig einzuschätzende Weg vom Post- und Universitätsplatz [= Augustusplatz] bis in die Hainstraße. Die Sache findet darin ihre Erklärung, dass ich, außer einer Anzahl märkischer und pommerscher Nester, in denen ich meine Kinderjahre verbracht hatte, bis zu jener Stunde nichts von der Welt kannte wie unser gutes Berlin, das mir von allen echten Berlinern immer als der Inbegriff städtischer Schönheit geschildert worden war. Und nun! Welcher Zusammenbruch!" So enthusiastisch ist Leipzig selten gelobt worden, denn was Goethe im „Faust" von pöbelnden Studenten ausrufen lässt, ist blanke Ironie: „Mein Leipzig lob' ich mir! Es ist ein klein Paris, und bildet seine Leute." Der Paris-Vergleich galt damals als Schimpf, aber die Leipziger haben es bravourös verstanden, ihn zum Positiven zu wenden.

Stadtbilder

Wenn über Leipzigs Schönheit geredet wird, gehen die Ansichten weit auseinander. Bei der Beurteilung ist zu bedenken, dass Leipzig seinem Erscheinungsbild nach keine alte Stadt ist: kein Fachwerk, keine Stadttore, keine romantisch verwinkelten Gassen. Leipzig ist über die Jahrhunderte hin durch die Belange der Messe geprägt worden, denn wo man mit den neuesten Neuigkeiten aus aller Welt handelt, muss auch die Umgebung dafür stimmen. Aus diesem Grunde ist sogar einmal scherzhaft behauptet worden, die Leipziger Messe sei weltweit die einzige, die sich eine eigene Stadt halte. Deshalb ist in Leipzig immer wieder bedenkenlos Altes abgebrochen und Neues an seiner Stelle aufgebaut worden. Noch zu Beginn des 20. Jahrhunderts ist das Alte Rathaus aus dem Jahre 1556 nur durch ein Wunder, durch die Mehrheit von einer Stimme in der entscheidenden Sitzung des Stadtrates, dem Abriss entgangen. Zwei Jahre nach dem Ende des Siebenjährigen Krieges war Goethe 1765 ins lustvoll barocke Leipzig gekommen, das ihm diesen Eindruck vermittelte: „Als ich in Leipzig ankam, war es gerade Meßzeit, [...] Diese lebhafte Bewegung war jedoch bald vorüber, und nun trat mir die Stadt selbst mit ihren schönen, hohen und unter einander gleichen Gebäuden entgegen. Sie machte einen sehr guten Eindruck auf mich, und es ist nicht zu leugnen, dass sie überhaupt, besonders aber in stillen Momenten der Sonn- und Feiertage, etwas Imposantes hat, so wie denn auch im Mondschein die Straßen, halb beschattet, halb erleuchtet, mich oft zu nächtlichen Promenaden einluden. – Indessen genügte mir gegen das, was ich bisher gewohnt war, dieser neue Zustand keineswegs. Leipzig ruft dem Beschauer keine altertümliche Zeit zurück; es ist eine neue, kurz vergangene, von Handelstätigkeit, Wohlhabenheit, Reichtum zeugende Epoche, die sich uns in diesen Denkmalen ankündet."
Von den Bombardements des Zweiten Weltkriegs hat sich Leipzig weniger schnell erholt. Die Situation kurz nach dem Krieg (1950) hat der Journalist Dieter Zimmer in seiner Familienchronik „Für'n Groschen Brause" beschrieben: „Der Augustus-Karl-Marx-Platz war riesengroß und wirkte wahrscheinlich durch die Baulücken noch weiträumiger als früher. Zum Hauptbahnhof hin stand die Ruine der Oper, die in diesen Wochen abgerissen wurde. Man war sich noch nicht einig, ob die neue Oper am alten Platz stehen sollte oder gegenüber, wo das Bildermuseum in Trümmern lag. Am besten erst mal bauen, sagte der Vater, der Platz ergibt sich später." So wurde vielfach gebaut ohne

Wo noch vor zwanzig Jahren ein schwarzes Tagebauloch gähnte, ist mit dem Cospudener See, seinem Hafen, den Kneipen und der Uferpromenade eine geradezu maritime Bereicherung für Leipzig entstanden.

Rücksicht auf alte Grundstücksgrenzen und gewachsene Strukturen. Auch viele Jahre nach dem Krieg waren seine Spuren in Leipzig noch längst nicht getilgt und die Zerstörungen fraßen weiter an der Bausubstanz. Der drastisch-ironische Kommentar der Leipziger zu diesem Zustand lautete: „Ruinen schaffen – ohne Waffen." Gegen Ende der Achtzigerjahre stellten sie sich schon fast resignierend die Frage: „Ist Leipzig noch zu retten?" Als 1983 die Friedensgebete in der Nikolaikirche begannen, wurde im wahrsten Sinne für Frieden „urbi et orbi" (der Stadt und dem Erdkreis) gebetet. Am 9. Oktober 1989, als der friedliche Protest der Leipziger den politischen Herrschern im Lande DDR bewusst werden ließ, dass ihre bewaffnete Macht dagegen nichts würde ausrichten können, war vielleicht der Frieden in Europa gerettet, auf jeden Fall aber Leipzig. Schon bald wurde von der „boomtown" gesprochen, weil hier schneller als anderswo die Lösung der drückenden Probleme in Angriff genommen wurde. Seither hat sich das Aussehen der Stadt erheblich verändert, Leipzig ist farbiger, sauberer – ja, schöner geworden, wenn auch nicht jeder Neubau als Bereicherung des Stadtbildes gelten darf. Aber so sehr ist Leipzig dem Wandel und ebenso der Beständigkeit verpflichtet, dass die Stadt auch aus dieser neuen Epoche ihrer Geschichte das Beste in die Zukunft tragen wird.

Seite 22/23:
Ehe die Häuser in Leipzig 1799 Nummern bekamen, hatte jedes seinen Namen, der als Bild, Hauszeichen genannt, an der Fassade zu sehen war. In der Nikolaistraße findet sich „Die goldene Hand", ein Name, der ins Jahr 1713 zurückreicht, das Gebäude selbst wurde Mitte des 19. Jahrhunderts errichtet.

Seite 24/25:
Hatten die zwei Messen der früheren Zeit den gesamten Raum der Stadt in Anspruch genommen, so werden die zahlreichen Spezialmessen der Gegenwart auf dem neuen, 1996 eröffneten Messegelände ausgerichtet. Bewunderung ruft immer wieder die kühne Architektur der Glashalle hervor.

Bootsverleih Paddelmax

Commissions - e Speditions
von
Johann Christian

schäft
gang.

Dass Leipzig schon lange ein Welthandelsplatz ist, an dem Nord und Süd, Wild-West und Fern-Ost zusammentreffen, zeigt das 1908/09 erbaute, exotisch anmutende „Riquet-Haus". Die hugenottische Kaufmannsdynastie war im Handel mit China, Japan und Indien tätig, was an der Hausfassade deutlich abzulesen ist.

Die Stadt Leipzig hat seit 1889 mehrere Eingemeindungswellen ausgelöst und besteht nunmehr aus 63 Ortsteilen, die zusammen knapp 300 Quadratkilometer groß sind. Dennoch sagt der Leipziger, von denen es inzwischen wieder über 500 000 gibt, noch immer, wenn er etwas im alten, nur 600 mal 600 Meter großen Stadtzentrum zu erledigen hat: „Ich gehe in die Stadt." Die Bedeutung dessen, was die „eigentliche" Stadt ausmacht, ihren Kern, um den sich im Laufe der Jahrhunderte die Schalen angelagert haben, sitzt tief in der Leipziger Seele verwurzelt. Die elftgrößte Stadt Deutschlands vermittelt nicht den Eindruck einer hektisch betriebsamen Großstadt, sie bietet Einwohnern wie Gästen eine von Harmonie und Nonchalance getragene Atmosphäre. Sie aber womöglich „kleinstädtisch" zu nennen, würde Leipziger sofort in Rage versetzen und wäre auch wirklich ungerecht. Dass Leipzig bisweilen sogar „heimliche Hauptstadt" genannt wird, bezog sich ursprünglich auf das Verhältnis zur ehemaligen Residenzstadt Dresden. Während der DDR-Jahre kündete der Begriff vom Selbstbewusstsein der Leipziger gegenüber der halben Hauptstadt Berlin. Inwieweit das schmückende Beiwort noch heute gegenüber der Landeshauptstadt berechtigt ist, müsste eine sehr unabhängige Jury entscheiden, denn Sachsen glauben zumeist an die fortwährende Gültigkeit einer Redensart aus dem 17. Jahrhundert: „Was in Freiberg ergraben und in Leipzig erhandelt – wird in Dresden verprasst." Der sich darin andeutende Vorbehalt entspringt einer nicht allzu ernst zu nehmenden Marotte der Leipziger, hat aber einen historischen Hintergrund: Leipzig war in seiner Geschichte niemals eine geistliche oder weltliche Residenz und Dresden hat vom Freiberger Silber und vom Leipziger Handel immer gut gelebt. Den Landesfürsten wurde Ende des 19. Jahrhunderts sogar ihre Festung Pleißenburg abgekauft und auf deren Platz symbolkräftig das Neue Rathaus errichtet, von dessen Giebel es golden und stolz kündet: „arx nova surrexit" (Eine neue Burg ist auferstanden).

UET
IQUET & CO. gegr. A.G.
RIQUET
Stadtcafe
Kaffeehaus
RIQUET
Stadtcafe

Unten:
Das Rathaus war immer ein Multifunktionsbau. Der Festsaal diente Jahrhunderte lang auch als Gerichtssaal, weshalb an den Wänden Porträts der Landesherren und Obersten Stadtrichter hängen. Seit 1909 wird er museal genutzt, aber besondere Gäste empfängt der Rat noch immer hier.

Rechte Seite:
Das Alte Rathaus, 1556 erbaut, ist das architektonische Prachtstück der Stadt. Nachdem 1905 das Neue Rathaus bezogen war, wird der Renaissancebau als Museum genutzt. Beim Umbau zum Museum (1906–09) wurde die ehemals hölzerne Arkade durch die jetzige aus Rochlitzer Porphyrtuff ersetzt.

ZU SACHSEN
MEISSEN U BURGGRAFFEN ZU MAGDEBURG ETC. IST
DISER STADT
GOLD & SILBER

Marc O'Polo
Schmidt
WEMPE

Linke Seite:
Die 1911–13 an der Stelle von Auerbachs Hof erbaute Mädler-Passage ist nicht die älteste, aber vielleicht die eleganteste der Leipziger Passagen.

Ganz links:
An seine „berühmtesten Gäste“, Faust und Mephisto, erinnert eine Bronzeplastik vor dem Eingang zu „Auerbachs Keller“.

Links:
Selbst bei Regen kann man in den Passagen fast wie im Freien Kaffee trinken – hier in der Mädler-Passage.

Links:
Das Herzstück der Mädler-Passage ist „Auerbachs Keller“, in dem seit 1525 Wein ausgeschenkt wird. Die Erinnerung an Faust und an Goethe wird hier so ausdauernd gepflegt, dass er gastronomisch wie kulturell als Glanzlicht in Leipzigs Geschichte gelten darf.

Oben:
Partylaune und Musikvergnügen findet man im Erdgeschoss und Keller des König-Albert-Hauses, Markt/Ecke Barfußgässchen, in der Szenekneipe „Spizz“.

Rechts:
Am obersten Stockwerk des König-Albert-Hauses verkörpern allegorische Figuren sächsische Tugenden wie Tatkraft und Fürsorglichkeit, die auch König Albert (reg. 1873–1902) zugeschrieben wurden.

Oben:
Den Nordriegel des Marktes bilden Häuser aus unterschiedlichen Jahrhunderten. Dennoch erscheinen die Alte Waage (rechts, 1555), das Jugendstilhaus, ein gotischer Nachbau und das barocke Haus „Zum Weinstock“ als harmonisch geschlossenes Ensemble.

Links und ganz links:
Die Geschäftslokale im Alten Rathaus stehen in guter Tradition, denn seit seiner Erbauung dient die Erdgeschosszone dem Einzelhandel. Dass gerade an diesem Ort Leipziger Spezialitäten und antiquarische Bücher angeboten werden, versteht sich.

THOMAS
KONZERT

Seite 34/35:
Anstelle einer kleineren wurde 1492–96 die Thomaskirche in ihrer heutigen Gestalt als gotische Hallenkirche erbaut. Die barocke Turmhaube wurde 1702 aufgesetzt. Zu ihrem Geläut gehört die schon 1477 gegossene „Gloriosa“. Die Dachfläche von 2520 Quadratmetern entspricht in etwa der Größe des Marktplatzes.

Von Anfang an galt die Aufmerksamkeit der Augustiner-Chorherren in ihrem 1212 begründeten Kloster der Musik. So erklärt sich die 800-jährige Tradition des Thomanerchors, den Bach von 1723 bis 1750 geleitet hat. Den Großteil seiner Musik hat er für diesen Chor komponiert und mit ihm aufgeführt, immer „SOLI DEO GLORIA“ – Gott allein die Ehre. Seit 1543 steht der Chor in der Obhut der Stadt und gehört längst zu den weltbesten Knabenchören.

Rechts:
Das neogotische Westportal wurde der Thomaskirche erst in den 1890er-Jahren hinzugefügt. Als dieser Giebel noch zur Stadtmauer und der Feldseite der Stadt zeigte, war jeglicher Zierrat unnötig gewesen.

Ganz rechts:
Das 1997 eingebaute farbige Glasfenster in der Südfront der Thomaskirche ist Felix Mendelssohn Bartholdy gewidmet, einem der bedeutenden Schöpfer protestantischer Kirchenmusik. Vor allem aber ist es sein Verdienst, Bach im 19. Jahrhundert der Vergessenheit entrissen zu haben.

Rechte Seite:
Im Chorraum der Kirche, der etwa ein Jahrhundert älter ist als das nicht ganz rechtwinklig angefügte Langhaus, sind seit 1950 Bachs Gebeine in einer eigens dafür angelegten Gruft beigesetzt. Zuvor hatten sie in der Johanniskirche, die im Krieg zerstört wurde, eine Ruhestatt gefunden.

Rechts:
Ebenfalls aus der Zeit des neogotischen Umbaus der Kirche stammt das Apostelportal an der Nordseite.

Ganz rechts:
Vor der Kirche steht das Bach-Denkmal von 1908. Das Porträt des Meisters haben der Bildhauer Carl Seffner und der Anatom Wilhelm His anhand des 1894 aufgefundenen Skeletts rekonstruiert. Das ältere Bach-Denkmal, ein paar Schritte von hier entfernt, ist 1843 auf Mendelssohns Initiative errichtet worden.

JOHANN
SEBASTIAN
BACH

Oben:
Auf dem Gelände des ehemaligen Thomasklosters ist 1754/55 in der Klostergasse der zauberhaft schöne Rokokobau „Altes Kloster“ entstanden. Wenn Goethe noch zehn Jahre später davon spricht, dass Leipzig einen ganz modernen Eindruck mache, hat er gewiss auch dieses Haus im Sinn gehabt.

Rechts:
In der Schillerstraße feiert die italienische Renaissance ihre sächsische Nachblüte. Im 19. Jahrhundert orientierte sich das Leipziger Bürgertum an historisch überlieferten Bauformen und benannte 1859 die neue Prachtstraße als erste in Leipzig nach einem „Bürgerlichen“, wie am Dresdner Hof kritisch vermerkt wurde.

Oben:
Das heute von einer Großbank genutzte Gebäude wurde 1903/04 als Kaufhaus Ebert erbaut. Es vereint Architekturdetails des Jugendstils und des Barock zu einem harmonischen Ganzen.

Links:
Das schöne Mädchen an dem ehemaligen Konfektionshaus ist nicht die märchenhafte Goldmarie, es symbolisiert Anmut und Grazie als weibliche Eigenschaften, während ihr Pendant an der gegenüberliegenden Ecke zusammen mit einem Pfau unverkennbar für die Eitelkeit steht.

Rathaus, Börse und Passagen – Leipzig baulich

Das Alte Rathaus ist nicht das älteste Rathaus von Leipzig. Das stand zwar am selben Fleck, musste aber im Februar 1556 demjenigen Platz machen, das wir seit 1905, nachdem das Neue in Betrieb genommen war, das Alte nennen. Erbaut in der „Rekordzeit" von nur neun Monaten, bot es Veranlassung zu bösartigen Spekulationen: Hieronymus Lotter, der Baumeister, habe ohne Pläne bauen lassen, wodurch sich das Wort „Lotterwirtschaft" bis auf den heutigen Tag etabliert habe. Das ist ebenso üble Nachrede wie die Behauptung, wegen des hohen Bautempos musste es schon bald von Grund auf überholt werden. Größere Bauarbeiten standen erst nach 116 Jahren an. Bei der Gelegenheit wurde ein weiterer Rekord aufgestellt: An der Fassade wurde eine das gesamte Gebäude umlaufende Inschrift angebracht, die einerseits dem Landesherrn huldigt und mit dem Psalm 127 daran gemahnt: Wo der Herr die Stadt nicht bavet so arbeiten vmbsonst die daran baven. Wo der Herr die Stadt nicht bewachet so wachet der Wächter vmbsonst. Im Hause war Platz für die Ratsdiele, für reichlich Amtsstuben, für einen Kerker und das Armesünderstübchen sowie für Kaufgewölbe. Für einen Ratskeller reichte der Platz nicht. So mag die Redensart, jemand habe „zu tun wie der Rat von Leipzig" daher rühren, dass im Rathaus eine Fülle von Verwaltungsleistungen zu erbringen war, zudem auch noch die Juristerei des Oberhofgerichts und des Schöppenstuhls. Um bei einem Glase Ratswein die Gedanken zu ordnen oder zu lockern, mussten die Ratsherren hinüber zur Ratswaage gehen, wo ihnen die Ratsherrentrinkstube offen stand. In diesem Hause wurde ein Großteil von Leipzigs Reichtum geschöpft. Zur Messe eingehende und nach der Messe ausgehende Waren mussten hier gewogen und verzollt werden, ein lukratives Geschäft für die Stadt.

Hinter dem Rathaus, auf dem Naschmarkt, wo Fleischer, Bäcker und Gärtner aus dem Umland ihre Produkte verkaufen durften, steht die Börse. Wenngleich der in seinen Proportionen so edle Renaissancebau des Rathauses (der Turm teilt die 90 Meter lange Fassade elegant nach dem Verhältnis des Goldenen Schnitts) auch schon mal etwas überschwänglich zu den Weltwundern der Neuzeit gerechnet worden ist, hundert Jahre nach seiner Erbauung hatte sich der Zeitgeschmack gewandelt. Leipziger Kaufleute, die in wackeligen Bretterbuden mit Aktien handelten, hatten in den großen Handelsstädten Westeuropas Gebäude gesehen, die dem neuen Lebensgefühl entsprachen. Diese waren mit Balustraden, Skulpturen und Fruchtgirlanden aus Stuck spielerisch verziert. In diesem neuen Stil errichteten sie sich auch zu Hause einen Bau für ihre Geschäfte: die Handelsbörse, den ersten Barockbau Leipzigs, der dann bei der Gestaltung vieler Kaufmannshöfe und Bürgerhäuser vorbildlich wirkte.

Zur goldenen Schlange

Mit der Handelsgeschichte sind zahlreiche Leipziger Bauten aufs Engste verbunden. Von den großen Durchgangshöfen ist noch das Haus „Zur goldenen Schlange", meist „Barthels Hof" genannt, erhalten. An der Ecke von Markt und Hainstraße konnten die Wagen in den Hof einfahren und diesen nach dem Ent- und Beladen zur Kleinen Fleischergasse hin wieder verlassen. Der reich gegliederte spätgotische Erker zierte ursprünglich die Fassade zum Markt und wurde bei der 1870/71 erfolgten Modernisierung des Gebäudekomplexes dankenswerterweise zur Hofseite umgesetzt und somit erhalten. Ein anderer Fall, bei dem ein älterer Vorgängerbau dem Neubau nicht völlig zum Opfer fiel, ist das Fregehaus in der Katharinenstraße. Das Erdgeschoss mit dem spätgotischen Portal trägt einen barocken Baukörper. Die Messepaläste des vergangenen Jahrhunderts werden heute ausnahmslos anderweitig genutzt. Am augenfälligsten wird die Bedeutung, die das Handelsgeschehen für die Architektur Leipzigs hat, gegenwärtig noch durch die Passagen, gewissermaßen die Nachfolger der Durchgangshöfe. Die Vorbilder aus Frankreich und Italien haben hier gelungene Nachfolger gefunden. Den Handel auf den Straßen und Höfen mit dem in den Häusern auf diese elegante Weise zu verknüpfen, kam dem Anspruch der Leipziger sehr entgegen.

Wie in vielen anderen Städten auch, deren Geschichte von einer tatkräftigen Kaufmannschaft geprägt wurde, ist die Hauptkirche der Stadt dem St. Nikolaus geweiht. Der Schutzheilige der Kaufleute wurde zugleich zum Patron der Stadtkirche erkoren. Dieser älteste Bau in der Altstadt hat in seiner langen Geschichte seit dem 11. Jahrhundert mehrfach Veränderung erfahren. Aufsehenerregend war die 1796 abgeschlossene Gestaltung des Kirchenschiffs im klassizistischen Stil. Weltweit bekannt wurde die Nikolaikirche jedoch 1989, als ihr Bild mit den unter Palmensäulen so folgenreich betenden und diskutierenden Menschen auf allen Kontinenten zu sehen war.

Links:
Elegante Verspielheit des Jugendstils spricht aus den Details am Kaufhaus Ebert, wo dieser Mädchenkopf als Supraportplastik zu sehen ist.

Oben:
Ein Spaziergang durch Leipzig ist zugleich ein Spaziergang durch die Architekturgeschichte. Am Dittrichring, dessen Häuser zum Teil auf der alten Stadtmauer stehen, dominiert der Stil der Gründerzeit.

Rechts oben:
Erker und Giebelbekrönung des Hauses „Zur goldenen Schlange“ (1523) wurden in der Übergangszeit von der Gotik zur Renaissance geschaffen und beim Umbau 1870/71 von der Markt- an die Hofseite umgesetzt.

Rechts Mitte:
Die klassizistische Kassettendecke (1797) der Nikolaikirche verbirgt das ältere gotische Netzgewölbe; auch die Stucksäulen mit den Palmblattkapitellen tragen die gotischen Säulen noch in sich.

Rechts:
Der Industriekomplex der ehemaligen Buntgarnwerke aus den 1880er-Jahren ist durch Umnutzung und Umgestaltung in eine attraktive Geschäfts- und Wohnanlage am Elster-Ufer gewandelt worden.

Seite 44/45:
Als das Alte Rathaus Ende des 19. Jahrhunderts förmlich aus allen Nähten platzte, fand sich in der Stadt kein Raum für einen Neubau. Die reiche, selbstbewusste Stadt kaufte deshalb die königliche Festung Pleißenburg, brach sie ab und errichtete dort ihr Neues Rathaus.

Rechts:
Die schmiedeeisernen Torgitter des Hauptportals werden je von einem Pelikan gekrönt, dem alten Symbol für aufopferungsvolle Fürsorge.

Rechte Seite:
Die Südwestfront gilt als Schauseite des Neuen Rathauses. Über die ganze Breite zieht sich der Bürgermeisterbalkon, auf dessen Brüstung allegorische Figuren Leipzigs Stärken demonstrieren: (von links) Buchdruck, Justiz, Wissenschaft, Kunst und Industrie. Im Giebelfeld verkündet die lateinische Inschrift: [Für den] öffentlichen Rat [und das] öffentliche Wohl 1899–1905.

Rechts:
Auf den Treppenwangen des Haupteingangs thronen stolz und machtbewusst lebensgroße Löwen aus mainfränkischem Muschelkalk, Leipzigs Wappentiere.

Ganz rechts:
Ganz der Formen- und Zeichensprache des Jugendstils verpflichtet ist die als Relief dargestellte Caritas, die personifizierte Mutterliebe, Sinnbild der Stadt, die ihre Kinder nährt.

PVBLICO
CONSILIO
PVBLICAE
SALVTI
A D
MDCCC
XCIX
MDCCCCV

Links:
Das City-Hochhaus, 1968–72 als Verwaltungsturm der Universität erbaut, wurde in den 1990er-Jahren in ein Bürohaus gewandelt. Dabei wurde die ursprüngliche Aluminiumfassade gegen eine steinerne ausgetauscht. Vom Restaurant im obersten Stockwerk erreicht man eine Aussichtsplattform in 120 Metern Höhe.

Rechte Seite oben:
Vom Hochhaus genießt man, entsprechendes Wetter vorausgesetzt, einen Überblick über das Stadtgebiet und die gesamte Leipziger Tieflandsbucht. Für noch weitere Ziele wird immerhin die Blickrichtung angegeben.

Rechte Seite unten:
Von ganz oben nach ganz unten: Gewissermaßen am Fuße des Hochhauses lädt die Moritzbastei in ihre historischen Keller ein. Ehemals als Festungskasematten im 16. Jahrhundert entstanden, wurden die Gewölbe in den 1970er-Jahren zu einem Studentenclub ausgebaut.

Bangkok 8688 km
Kopenhagen 496,11 km
km Vancouver
9445,17 km Kapstadt
Havanna
1874 km Istanbul

Oben:
Das Stadtpanorama in Westrichtung: Vom Neuen Rathaus (links) geht der Blick über das Geschäftshaus „Petersbogen“ zur Thomaskirche, zum Markt bis hin zum Hochhaushotel „The Westin“. Am Horizont erkennt man den Tower des Flugplatzes.

Rechts:
Das Reichsgerichtsgebäude war nach dem Krieg für 40 Jahre Heimstatt des Museums der bildenden Künste und Museum für den Reichstagsbrandprozess, der hier geführt worden ist.

Links:
Weit über das Land geht der Blick von hier oben, so dass man mit dem Türmer Lynkeus in Goethes Faust ausrufen möchte: „Zum Sehen geboren, zum Schauen bestellt, dem Turme geschworen, gefällt mir die Welt."

Seite 52/53:
Der Augustusplatz galt einmal als der schönste, jetzt ist es noch der größte Platz Leipzigs. Alle Bauten des 19. Jahrhunderts wurden im Zweiten Weltkrieg zerstört. Hochhaus und Konzerthaus (links) sind Bauten der 1970/80er-Jahre. Die überdimensionierten zylindrischen Luftschachtverkleidungen stören das Bild erheblich.

Oben:
Vor dem Gewandhaus sprudelt der Mende-Brunnen von 1886, ein Geschenk der Kaufmannswitwe Marianne Pauline Mende. Fabelwesen der griechischen Mythologie, Tritonen und Hippokampen, Delfine, Nereiden und Putti sind um einen Granitobelisken versammelt.

Rechts:
Der Blick über das Podium in den Großen Saal des Gewandhauses offenbart dessen terrassenartige Anlage, die an einen Weinberg erinnert. Hier ist die Heimstatt des Gewandhausorchesters, aber wegen seiner ausgezeichneten Akustik wird er auch von anderen berühmten Klangkörpern gern besucht.

Links:
Am Augustusplatz steht das Opernhaus, 1959/60 an der Stelle des im Krieg zerstörten Neuen Theaters erbaut. Die klaren Bauformen verleihen dem Bau eine würdevolle Strenge. Etwas entfernt davon ragt 95 Meter hoch ein Turmhaus auf. 1969–74 erbaut, ist es mit 30 Etagen das höchste Wohngebäude der Stadt.

Unten:
Leipzigs erstes Hochhaus hat der Bankier Hans Kroch 1927/28 errichten lassen. Vorbild für die Gestaltung war der Torre dell'Orologio in Venedig, dessen Uhr mit den Glockenmännern hier als Zitat verwendet ist. Der lateinische Spruch besagt: „Arbeit überwindet alles."

Linke Seite:
Aus unterschiedlichen Perspektiven betrachtet, steht die barocke Haube des im Untergeschoss romanischen Turms der Nikolaikirche in reizvollem Kontrast zu Bauformen anderer Jahrhunderte. Das einer asiatischen Pagode nachempfundene Türmchen des Riquet-Hauses gehört in die Zeit des Jugendstils.

Links:
Der zweietagige Runderker aus Rochlitzer Porphyrtuff von 1588 (hier eine Kopie) ist eine Steinmetzarbeit aus der Zeit der Renaissance. Seinen Platz hatte er ursprünglich an dem sogenannten Fürstenhaus, das auf der gegenüberliegenden Straßenseite stand und im Krieg zerstört wurde – im Hintergrund der Turm der Nikolaikirche.

Seite 58/59:
Die Nikolaikirche hat als Andachtsraum der Kaufmannssiedlung wohl schon im 11. Jahrhundert bestanden, ehe Ende des 12. Jahrhunderts die Grundform des heutigen Baus entstand. Als Stadtkirche ist sie von den Zeitgenossen mehrfach dem jeweiligen Gegenwartsgeschmack angepasst worden.

Rechts:
Am Nikolaikirchhof, dem geschichtsträchtigen Stadtplatz, steht die 1512 erbaute und in den Folgejahrhunderten mehrfach veränderte Nikolaischule. 1989 griffen von hier aus die Stasi-Häscher die Demonstranten vor der Kirche an. So hatte es hohen Symbolwert, dass die Kulturstiftung Leipzig, großzügig unterstützt von der Partnerstadt Frankfurt am Main, gerade dieses bedrohte Bauwerk 1991–94 sanieren und vor dem Verfall retten konnte.

Rechte Seite:
Den Nikolaikirchhof dominiert eine nachgebildete Säule aus der Nikolaikirche. Sie wurde, eine Idee des Leipziger Künstlers Andreas Stötzner, von der Kulturstiftung Leipzig zehn Jahre nach dem weltbewegenden 9. Oktober 1989 aufgerichtet. Die Säule auf dem Platz macht bewusst, dass die Bewegung aus der Kirche nach draußen drängte.

Rechts:
Das Predigerhaus am Nikolaikirchhof wurde 1886/87 von Hugo Licht als Dienstwohnung für die Pastoren der Nikolaikirche erbaut.

Seite 62/63:
Auf dem Naschmarkt wurde bis ins 19. Jahrhundert verkauft, was der Mensch täglich braucht: Brot, Fleisch, Gemüse, aber auch Textilien und Schuhe. Längst ist er zu einem prominenten Stadtplatz erwachsen, auf dem 1903 das Denkmal für den in seiner Leipziger Zeit noch gar nicht so prominenten Goethe Platz fand.

DEO GLORIA

ER HERR DIE STADT NICHT BEWACHET SO WACHET DER WÄCHTER UMSONST

Johann
Wolfgang
Goethe

Rechts:
Mit dem Bau des Börsengebäudes wurde 1678 begonnen, im folgenden Jahr wurde es schon genutzt, aber die Fertigstellung der reichen Fassaden- und Innenausstattung dauerte noch acht Jahre. Für die hohe Bedeutung der Börse spricht, dass über dem Portal das Hoheitszeichen der Stadt prangt.

Rechts und ganz rechts:
Durch die Kriegseinwirkungen war der Bau schwer in Mitleidenschaft gezogen, die Stuckdecke ist verloren, anderes wurde kopiert, so die Plastiken auf dem Dach und die schmiedeeisernen Türgitter.

Rechte Seite:
Mit seiner intimen Kleinteiligkeit ist der Naschmarkt für Einwohner und Besucher ein beliebter Treffpunkt.

Bücher und Musik – Leipzig künstlerisch

Im 19. Jahrhundert wurde Leipzig von Konkurrenten respektvoll und neidisch „Buchstadt" genannt. Gedruckt wurden Bücher auch anderswo, sogar zahlreicher als hier, aber nirgendwo gab es eine solche Dichte von Unternehmen, die dem Kulturprodukt Buch verpflichtet waren: Neben den großen Druckereien mit Spezialtechnik für Noten-, Landkarten-, Fremdsprachen- und Wertzeichendruck fanden sich Großbuchbindereien, Druckfarbenhersteller und Maschinenbauer, wurden alle Berufe ausgebildet, die die Branche benötigte, vor allem aber hatte der Großbuchhandel hier seinen Hauptsitz. Nirgendwo wurden so viele Bücher verkauft wie von Leipzig aus. Das war auch das Argument für den Börsenverein der deutschen Buchhändler zu Leipzig, zu dem ebenso die Kollegen in Österreich und der Schweiz gehörten, die Deutsche Bücherei hier anzusiedeln, die seit 1912 das gesamte deutschsprachige Schriftgut sammelt, unabhängig davon, in welchem Land es gedruckt worden ist. „Buchstadt" war der Ausdruck für einen strukturbestimmenden Wirtschaftszweig Leipzigs.

Anders verhält es sich mit dem schmückenden Beinamen „Musikstadt". Musik ist in allen Genres Bestandteil des öffentlichen Lebens, Glanzpunkt der Repräsentation. So ist Leipzigs ältestes Kulturinstitut denn auch ein musikalisches. Die Augustiner-Chorherren versorgten und unterrichteten in ihrem 1212 gegründeten Thomaskloster bedürftige Kinder, die dafür als Gegenleistung mit ihrem Gesang die Gottesdienste und andere kirchliche Feiern verschönten. Aus dieser Kinderschar, die nicht nach Eignung zusammengestellt worden ist, wuchs der heute so berühmte Knabenchor der Thomaner. Seine Geschichte wird überstrahlt vom Wirken Johann Sebastian Bachs. Sein in Quantität und vor allem Qualität so reiches Werk kann hier natürlich nicht angemessen gewürdigt werden, aber Leipzig ist seit einiger Zeit ernsthaft bemüht, sich als „Die Bach-Stadt" darzustellen. Nicht nur die Höhepunkte der Bachverehrung, die Bach-Feste, weisen seinem Schaffen einen festen Platz in der Gegenwartskultur zu, mit den allwöchentlichen Motetten, mit Kantaten, Orgel- und Passionsmusiken steht Bach fast täglich im Leipziger Kulturkalender. Wenngleich die Nikolaikirche damals sein „Hauptarbeitsplatz" gewesen ist, die Thomaskirche ist der Ort, der am stärksten mit Bachs Schaffen in Verbindung gebracht wird. In ihrer unmittelbaren Nachbarschaft finden sich denn auch das Bach-Archiv, das Bach-Museum und die beiden Bach-Denkmale. Deren älteres ist auf Anregung und mit tatkräftiger Unterstützung Felix Mendelssohn Bartholdys im Jahre 1843 als erstes Bach-Denkmal überhaupt errichtet worden.

Leipziger Gewandhaus

Im selben Jahr begann auch das von ihm begründete Konservatorium, die erste deutsche Musikhochschule, mit der Ausbildung von Musikern. Und unter seiner Leitung in den Jahren von 1835 mit einer Unterbrechung bis 1847 erlangte das Gewandhausorchester Weltruhm. 1781 war in einer Etage des städtischen Magazin- und Gewandhauses ein festlicher Konzertsaal eingerichtet worden, der namengebend gewirkt hat. Gewandhauskapellmeister Kurt Masur hatte dieses hohe Amt 26 Jahre lang inne und hat für Leipzig unglaublich viel mehr geleistet, als die traditionsreichen Konzerte zu leiten. Er hat den Bau des neuen, des dritten Konzertsaals von den DDR-Oberen erstritten, hat Leipzig in jenen Jahren wie ein Diplomat in aller Welt repräsentiert und an jenem denkwürdigen 9. Oktober 1989 mit seinen wohlbedachten, über den Stadtfunk verbreiteten Worten erfolgreich zur Gewaltlosigkeit aufgerufen. Dass im Wohn- und Sterbehaus seines Amtsvorgängers Mendelssohn ein Museum eingerichtet wurde, ist ebenfalls Masurs Verdienst.

Zu den Großen der Leipziger Musikgeschichte gehört ebenso Richard Wagner, wenngleich ihm seine Geburtsstadt nicht sonderlich gut gesonnen war. An Robert Schumann und die Davidsbündler wird in ihrem Stammlokal „Zum Arabischen Coffe Baum" noch stets erinnert, und Clara Schumann hat als „Lady Hundertmark" auf dem bekanntesten DM-Schein viele Jahre dezent für ihre Heimatstadt geworben.

Die Vertreter der leichten Muse haben es immer etwas schwerer. An Albert Lortzing, der 1837 in Leipzig seine herrlich komische Oper „Zar und Zimmermann" komponierte, erinnert fast nichts mehr. Dem „Vater des deutschen Männergesangs" Carl Friedrich Zöllner hat der Gastwirt von „Zill's Tunnel" unlängst ein malerisches Denkmal gewidmet. Den gefeierten Stars der Fünfziger- und Sechzigerjahre – Kurt Henkels, Fips Fleischer, Fred Frohberg – „flicht die Nachwelt keine Kränze", wie schon Schiller schrieb. Zur Erinnerung an einen der „Märtyrer der Beatmusik in der DDR" – Klaus Renft – wurde 2007 eine Straße im Stadtteil Möckern, am Rocktempel „Zum Anker", nach ihm benannt.

Links:
In Leipzig kann man sich Bach nur schwer entziehen, denn nicht nur vom Denkmalssockel (hier vor der Thomaskirche), sondern auch von Plakaten, Pralinen und Weinetiketten blickt er den Betrachter an.

Oben:
Das erste Bach-Denkmal wurde 1843 auf Anregung von Felix Mendelssohn Bartholdy errichtet.

Rechts oben:
Drei Museen teilen sich das Grassi-Museum: das Museum für angewandte Kunst, das Museum für Völkerkunde und das Museum für Musikinstrumente.

Rechts Mitte:
Die kunsteifrigen Leipziger lassen keine Chance für spontane Kunstausübung ungenutzt. Dieses Schattenballett tanzte 2007 auf dem Bauzaun vor der Oper.

Rechts:
Um Erfolg im Kunstgeschäft zu haben, braucht's gute Maler mit guten Bildern und nicht unbedingt pompöse Galeriebauten.

Links und ganz links:
Von der alten Funktion des Handelshauses künden noch die Kranbalken auf der Hofseite der Speicheretagen. Doch lange schon dient der Gebäudekomplex anderen Zwecken, seit 1890 werden hier Gäste bewirtet und neuerdings arbeitet im Keller ein Theater der in Leipzig sehr aktiven Off-Szene.

Linke Seite:
Von den „Halbstädten“, wie Goethe die großen Handelshöfe Leipzigs beschrieben hat, ist nur noch das Haus „Zur goldenen Schlange“, meist „Barthels Hof“ genannt, erhalten. Direkt am Markt gelegen, gehört die ehemalige Faktorei des Augsburger Bankhauses Wels zu den architektonischen Kleinodien der Stadt.

Links:
Der Ausgang des Hofs mündet auf den Platz mit dem Lipsia-Brunnen zwischen Barfuß- und Kleiner Fleischergasse, seit ein paar Jahren Teil der Kneipenmeile „Drallewatsch“. Das sächsische Wort, das selbst in unseriösen sächsischen Wörterbüchern fehlt, übersetzt man am genauesten mit: Schlampamp.

Oben:
Die Nikolaistraße und der Brühl bildeten bis in die 1930er-Jahre zusammen das Weltzentrum des Pelzhandels. Heute gibt es nur noch einige Erinnerungen an die verlorene Tradition. Die nackten Putti an einem ehemaligen Pelzhaus führen vor, wie graziös sich Kürschnerware nutzen lässt.

Rechts:
Die Firmenbezeichnungen einiger Rauchwarenhäuser sind so dauerhaft ausgeführt, dass nur sie Leipzigs Untergang als Welthandelsplatz für Rauchwaren überlebt haben. Der Name „Selters Haus“ geht auf den des Kaiserlich-Japanischen Konsuls Alfred Selter zurück.

Links:
Das Haus „Zwei Reiter“ trägt einen Fantasienamen, der in den alten Namensverzeichnissen der Stadt nicht auftaucht, aber doch zeigt, dass der Brauch, den Häusern Namen zu geben, noch lange in Leipzig weiterlebte.

Unten:
Das 1911 erbaute Zeppelin-Haus ist zu Ehren des Luftschifferfinders Ferdinand Graf von Zeppelin benannt, der 1909 zum ersten Mal auch am Himmel über Leipzig zu sehen gewesen ist. Auf dem Grundstück stand von 1685 bis 1821 das Rats-Brauhaus.

Messepalast Specks
Errichtet in den Jahren 1908-1911 nach Entwürfen
als erster Leipziger Messehausneubau
Benannt nach dem
Kunstsammler
der 1815 den an
befindlichen
Nach schweren Kriegsschäden erfolgte
Passagenneugestal

Linke Seite:
Das Messehaus „Specks Hof", zu Anfang des 20. Jahrhunderts in drei Phasen erbaut, wurde in den 1990er-Jahren umgestaltet. Der Leipziger Künstler Moritz Götze hat in seinen Keramikbildern die Tageszeiten dargestellt.

Links:
Die ursprüngliche Ausstattung der Passage durch „Specks Hof" ist an einigen Stellen noch zu sehen.

Oben:
Gleich neben der ehemaligen Reichsbank hat das in den 1880er-Jahren und im selben Neorenaissancestil wie die Bank erbaute Kaffeegeschäft Max Richter, 1879 gegründet, seinen Platz. Seine gediegene Ausstattung stammt noch original aus der Kaiserzeit.

Rechts:
Zu den bedeutendsten Messehäusern gehörte der 1927/28 erbaute Petershof mit Leipzigs größtem Kino, dem „Capitol". Eine besondere Aufwertung erfährt die Fassade durch die sieben figürlichen Plastiken, die Berufe und Personen symbolisieren, die für das Messegeschehen in den 1920er-Jahren bedeutsam waren.

Oben:
Mit seiner für die Region ungewohnten Farbigkeit setzt das Klingerhaus in der Petersstraße einen Aufmerksamkeitsakzent. Die Fassade im Stil der Neorenaissance wurde 1887/88 gestaltet. Bauherr war der Vater des noch heute hoch geschätzten Malers, Grafikers und Bildhauers Max Klinger.

Links:
Die Petersstraße ist die historische Messe-Hauptstraße. Im 16./17. Jahrhundert war hier jedes Haus für Handelsgeschäfte ausgelegt. 1912–14 wurde an der Straße das Kaufhaus Althoff (links) errichtet, das seit 1920, mit Unterbrechung von 1948 bis 1990 als HO- und Centrum-Warenhaus, zum Karstadt-Konzern gehört.

Linke Seite:
Die Spiegelung des Petersbogens in der Karstadt-Fassade lässt das Haus „Drei Könige“ sehr schmal erscheinen. Auf dem Grundstück eines gleichnamigen Gasthofs wurde es als Schuh-Messehaus in den Jahren 1915/16 erbaut. Im Hofgebäude befand sich die Drechslerwerkstatt August Bebels, Gründer der SPD.

Unten:
Die Inschrift am Giebel des ehemaligen Messehauses „Stenzlers Hof“ in der Petersstraße weist darauf hin, dass auch in ökonomisch schweren Zeiten wie während des Ersten Weltkriegs in Leipzig gebaut worden ist.

5-11h
Lieferverkehr
frei
THEKE

Linke Seite und links:
Zu den Glanzpunkten der Leipziger Barockarchitektur gehört das Romanushaus, benannt nach seinem Erbauer Franz Conrad Romanus. Erst 30-jährig, war der junge Dresdner Emporkömmling von August dem Starken zum Bürgermeister von Leipzig bestimmt worden. Um hier Respekt zu erwerben, ließ er sich 1701–04 dieses prächtige Stadtpalais errichten, führte zu Weihnachten 1701 die öffentliche Straßenbeleuchtung ein, ließ die Promenade anpflanzen und die ersten Abwasserschleusen anlegen. Es half ihm nichts. Als bekannt wurde, dass er das Haus mit Geldern aus der Stadtkasse gebaut hatte, ließ ihn sein Gönner verhaften und hielt ihn 41 Jahre lang, bis zu seinem Tode, auf der Festung Königstein ohne Prozess gefangen. – Gegenwärtig vermittelt das 1995 an der Fassade stilgenau restaurierte Haus mit seiner reichen Dekoration eine Vorstellung von „Sachsens Glanz“ im frühen 18. Jahrhundert. – Die wertvolle Innenausstattung ist bei der Brutal-Sanierung von 1965–69 zerstört worden.

Rechts und unten:
Zum alten Bankhaus Frege, das auch Goethes Konto führte, gehört ein typischer Leipziger Innenhof, in dem ein farbenprächtiges Blumenleben den Besucher überrascht.

Oben:
Im Keller des ehemaligen Messehauses „Dresdner Hof“ hat sich in den 1970er-Jahren das inzwischen deutschlandweit bekannte Kabarett „academixer“ eine Spielstätte im Art-Déco-Stil geschaffen, zu der auch die anheimelnde Künstlerkneipe gehört.

Links:
Die Eingangszone des Kabarett „academixer“ ist hingegen ganz der Pop-Art mit ihren surrealistischen Figurinen verpflichtet.

Von Kaffee, Gose und Allerlei – Leipzig genüsslich

Sachsen darf als das älteste deutsche Kaffeeland gelten und Leipzig als die Kaffee-Hauptstadt – aber der Reihe nach: In der Schlacht am Kahlenberg, mit der 1683 die Türken vor Wien vertrieben wurden, kämpften auch sächsische Regimenter. Weil die Türken fluchtartig das Terrain verlassen hatten, fiel die Kriegsbeute reichlich aus. Die Sachsen brachten unter anderem Säcke voll scheinbar ungenießbarer grüner Bohnen heim. Zum Glück hatte ihnen ein zwar zwielichtiger aber kundiger Wiener erklärt, wie man daraus nach aufwändiger Vorbereitung ein sonderbar schmeckendes Getränk bereitet. Als sie sich an den Geschmack gewöhnt hatten, konnten die Sachsen nicht mehr davon lassen. 1719 öffnete in Leipzig das erste sächsische Kaffeehaus. Seinen Namen „Zum Arabischen Coffe Baum“ verdankt es allerdings der Tatsache, dass in einem Leipziger Garten gerade solch eine exotische Pflanze blühte. Der Kaffee wurde schnell zu einem „demokratischen“ Getränk, denn es wurde von allen Ständen gleichermaßen gern getrunken. Es war so populär, dass selbst der große Johann Sebastian Bach seine witzig-weltliche Kaffee-Kantate (BWV 211) dazu verfasst hat. Der „Kaffeebaum“ ist gegenwärtig Gasthaus und interessantes Museum, weil man darin nicht nur die Geschichte der Kaffeekultur betrachten, sondern zugleich Kaffeespezialitäten von überall her erschmecken kann.
Dazu sollte man ein typisches Leipziger Gebäck genießen, dessen Geschichte nicht weniger blutrünstig beginnt als die des Kaffees. Seit dem 17. Jahrhundert galt es in der bürgerlichen Küche als schicklich, Singvögel als delikat-zarte Vorspeise zu servieren. Im August 1860 wurde die Region von einem verheerenden Hagelunwetter heimgesucht, bei dem Tausende Singvögel von den Eisbrocken erschlagen wurden. Der Tierschutzgedanke begann sich zu regen und 1876 untersagte König Albert endlich per Gesetz die Lerchenjagd. Aber „Leipziger Lerche“ war ein so gut eingeführter Markenname, dass man ihn nicht preisgeben wollte. Es waren Konditoren, die die rettende Idee hatten: Nach dem Vorbild des mit einer Farce gefüllten Vogels füllten sie ein Mürbeteigtörtchen mit Marzipan und einer Maraschinokirsche, Symbol für das Lerchenherz. Weil die Beine der Vögel zum Braten kreuzweise durch die Augenlöcher gesteckt wurden, um das Auseinanderfallen zu verhindern, legten auch sie zwei Teigstreifen kreuzweise über die Füllung. Genau so wird die Leipziger Lerche noch heute – rein vegetarisch! – gebacken und immer wieder gern verspeist.

Eierschecke und Quarkkäulchen

Nicht nur der Lerchen wegen gelten Sachsen als Schleckermäuler. Wenngleich sie als Dresdner Spezialität gilt, hat die Eierschecke auch in Leipzig ihre Heimat. Je lockerer die Eigelb-Butter-Zucker-Quark-Rosinen-Vanillepuddingmasse gerät, um so höher wächst das Backwerk im Ofen und die Bewunderung für den Bäcker. Quarkkäulchen – aus einem Teig von Quark, geriebenen gekochten Kartoffeln, Eiern, Rosinen und Mehl geformt, in der Pfanne gebraten und gefährlich heiß serviert, mit Zucker und Zimt bestreut – hmmm! Obwohl die Tradition auf einen Weinausschank, beginnend im Jahre 1525, zurückgeht, werden sie in Auerbachs Keller besonders lecker zubereitet. Auch wenn man hier kräftig-deftige sächsisch-thüringer Küche erwartet und findet, die Mephisto-Torte aus Haselnussbiskuit, Orangenmarmelade und Mandelmarzipan gibt's nur hier im Keller!
Eine Spezialität ganz anderer Art ist die Gose. Das ist ein obergäriges Weißbier, das seit Mitte des 18. Jahrhunderts in Leipzig getrunken wird. Die feine im Brauprozess entstehende Milchsäure wird durch die Zugabe von Kochsalz und Koriander im Geschmack delikat abgerundet. Die Zugabe eines Kümmellikörs – für Herren – oder eines Kirschlikörs – für Damen – vollendet das Goseglück. Seit 1899 wird, mit DDR-bedingter Unterbrechung, das edle Gesöff in der Gosenschenke „Ohne Bedenken“ in Leipzig-Gohlis ausgeschenkt. Im Bayrischen Bahnhof wird seit ein paar Jahren von einem zugewanderten Bayern Gose gebraut.
Die Aufzählung Leipziger Spezialitäten wäre höchst unvollständig, fehlte das Leipziger Allerlei. Wenn man den Begriff auf Konservendosen liest, befällt den Leipziger Unwohlsein. Denn er weiß, das da ist: Einerlei. Denn: Zu gleichen Teilen müssen junge Erbsen, Möhren, Kohlrabi, Blumenkohl und Spargel in separaten Töpfen – daher der Name Allerlei! – in Butter gedünstet werden. Diese Zutaten kaufte man einst auf dem Naschmarkt, die zur Verfeinerung beigegebenen frischen Morcheln holte man aus dem Auewald und die Krebse zur optischen wie gustativen Krönung des Mahls fing man problemlos im Mühlgraben vor der Tür. Eine zeitaufwändig zubereitete Beilage zu Kotelett oder Fisch. In Zeiten, in denen „slow food“ wieder an Bedeutung gewinnt, sollte dem Leipziger Allerlei eine große Zukunft beschieden sein.

Links:
Die erste Tasse Kaffee, die in Leipzig serviert wurde, ist im Haus- und Firmenzeichen des Hauses „Zum arabischen Coffe Baum“ im Bild festgehalten.

Oben:
Seit über 100 Jahren wird in der ebenso originellen wie originalen Gosenschenke „Ohne Bedenken“ das nur in Leipzig bekannte obergärige Weißbier Gose ausgeschenkt.

Rechts:
Verlockungen für den Gaumen bieten zahlreiche Cafés wie hier das „Riquet“ (oben), das Leipziger Allerlei wie es in „Zill’s Tunnel“ serviert (Mitte) wird und die seit den 1960er-Jahren bestehende Milchbar „Pinguin“ (unten).

Ur-Krostitzer
FEINHERBES PILSNER
COFFE BAUM

Oben:
Zum Jägerhof zwischen Hainstraße und Großer Fleischergasse gehören drei Innenhöfe, von deren einem man ein kleines Programmkino erreicht. Der Name des 1911–14 erbauten Messe- und Geschäftshauses hat nichts mit dem Weidwerk zu tun, Erbauer war ein Kommerzienrat Jäger.

Links:
Leipzig ist auch eine Stadt für Flaneure – die Gassen und Höfe laden immer wieder auf's Neue ein.

Linke Seite:
Im Haus „Zum arabischen Coffe Baum“ wird seit 1719 Kaffee ausgeschenkt, weshalb es zu den ältesten Kaffeehäusern in Europa gezählt werden darf.

Oben und rechts:
Das neu gebaute Museum der bildenden Künste zeigt zusammen mit Kunstschätzen aus vielen Epochen auch das Hauptwerk des Leipziger Malers, Grafikers und Bildhauers Max Klinger (1857–1920), die Plastik „Beethoven“ aus farbigem Stein, Bronze, Elfenbein und Emaille.

Oben:
Auf dem alten Stadtquartier zwischen Katharinen- und Reichsstraße sollen zusätzlich zum Museumsneubau noch vier Gebäude entstehen. Ein erster Eckbau für das Stadtgeschichtliche Museum ist bereits ausgeführt.

Links:
Wolfgang Mattheuers Plastik „Jahrhundertschritt" stellt die Gesellschaftsproblematik des 20. Jahrhunderts dar: Diktatur und Aufbruch, Militanz und Nacktheit, Zerrissenheit und Kopflosigkeit. Das bereits in den frühen 1980er-Jahren entwickelte Motiv gelangte 1985 zur plastischen Gestaltung und galt in der DDR als Provokation, weil der einfach wahren Aussage nicht zu widersprechen war.

„Ums Tor“ – außerhalb des Zentrums

Das Völkerschlachtdenkmal gehört mit seiner Höhe von 91 Metern und dem Gewicht von 3 000 000 Tonnen zu den größten Monumenten der Welt. Obwohl es nach dem Willen des Deutschen Patrioten-Bundes dem Gedenken aller 125 000 Toten der Schlacht, unabhängig von deren Nation, gewidmet sein sollte, ist es mehrfach propagandistisch gegen andere Völker missbraucht worden.

Natürlich war auch Leipzig einmal von Mauern und Gräben umgeben, Tore gewährten Fuhrwerken und Pforten Fußgängern Ein- und Auslass. Bastionen sicherten die reiche Stadt gegen gewalttätige Begehrlichkeiten. Für etliche Jahrhunderte war Leipzig eine ausgesprochen „Steinerne Stadt“, denn der knapp bemessene Raum innerhalb der Mauern war viel zu wertvoll, um ihn an Bäume zu verschwenden. An den Südfronten einiger Häuser rankte Spalierobst, ein paar Weinstöcke waren darunter, und einige Gutsituierte leisteten sich winzig kleine Kräutergärtlein. Gärten, die der Zucht von Gemüse oder auch nur der Geselligkeit dienten, fanden sich vor den Toren. Aus den Reudnitzer Kohlgärten, an die heute nur noch ein Straßenname erinnert, kam Grünzeug in die Stadt, das auf dem Naschmarkt verkauft wurde. Bürgermeister Franz Conrad Romanus ließ in den Jahren 1702/03 vom Barfußpförtchen in Richtung Thomaskirche außerhalb der Stadtmauer Linden, Kastanien und Maulbeerbäume anpflanzen. Besonders die jungen Leipziger erkoren diese erste Promenade zu ihrem beliebtesten Treffpunkt auf den Spaziergängen „ums Tor“, wie man den Weg rings um die Stadt nannte. Mit dem im Barock gewandelten Lebensgefühl blühte die Stadt im wahrsten Wortsinn auf. Anfang des 18. Jahrhunderts ist sie mit einem Kranz von etwa dreißig grünen Gärten umgeben. Diese privaten Bürgergärten waren, anders als die fürstlichen Lustgärten in den Residenzstädten, fast ohne Einschränkungen jederzeit für jedermann geöffnet. So fand ein Großteil des geselligen Lebens der Bürger vor dem Tor statt. Mit Ausnahme des heute Johannapark genannten Areals sind inzwischen alle Gärten überbaut worden, nur ein paar Straßennamen, wie Apels oder Czermaks Garten, erinnern noch an die vergangene Pracht. Weil der Auewald von Elster und Pleiße aber direkt bis ans Stadtzentrum heranreicht, stellt sich Leipzig immer noch als eine überraschend grüne Stadt dar. Mit seiner Größe von circa 2500 Hektar und diversen Wasserläufen ist er ein ergiebiges Sport- und Wandergebiet.

Das Hotel „Fürstenhof“ steht im ehemaligen Löhr’schen Garten und gehörte seit seiner Eröffnung 1913 zu den „ersten Häusern der Stadt“. Damals wie heute sehenswert ist der mit dem aus Sachsen stammenden Gestein Serpentin ausgestattete Festsaal.

Auch der Hauptbahnhof wurde in Leipzigs „großer Zeit“ zu Anfang des 20. Jahrhunderts erbaut, seit 1915 rollte an 26 Bahnsteigen der Eisenbahnverkehr. Seit dem Umbau von 1995–97 wird er vor allem als Super-Warenhaus wahrgenommen.

Rechte Seite:
Der Villers-Brunnen von 1903 erinnert an ehemalige Besitzer von Löhr’s Gartengrundstück, auf dem auch das in den 1920er-Jahren erbaute Ring-Messehaus steht. Das damals größte Messehaus der Welt fristet jetzt, leerstehend, ein trauriges Dasein.

Museum

Linke Seite:
Das bekannteste und ehemals gefürchtetste Haus am Dittrichring ist das Eckgebäude, in dem zur DDR-Zeit die Stasi-Zentrale ihren Sitz hatte. Von der architektonischen Gestaltung des Hauses leiteten die Leipziger ihren „Decknamen" für den Bau und die Stasi ab: „Runde Ecke". Jetzt dokumentiert darin ein Museum die Stasi-Praktiken.

Alle Bilder links:
Am Dittrichring zeigt sich der Historismus, wie er zur Wende vom 19. zum 20. Jahrhundert gepflegt wurde, mit ansehenswerten Details.

Seite 94/95:
Leipzig hat seinen durchaus fragwürdigen Ruf als „Seestadt", bedingt durch oftmalige Überschwemmungen, längst eingebüßt. Wegen der stinkenden Abwässer aus den Braunkohlegebieten wurden die Flüsse seit den 1950er-Jahren verrohrt. Das Projekt „Neue Ufer" hat seit 1996 begonnen, diese wieder ans Licht zu bringen wie hier am Lurgensteinsteg. In einer Villa (rechts) zeigt die Sparkasse Leipzig Kunstschätze aus ihrer Sammlung.

Ausfahrt

Linke Seite und Bilder links:
Den Johannapark lieben die Leipziger als Spazier- und Spielpark ganz besonders. Die weiten Wiesen bieten Platz zum Sonnenbaden und sehr schöne alte Bäume geben Schatten, wenn man ihn braucht. Das romantische Holzbrückchen täuscht ein bisschen Japan vor und dem Herrn auf dem Denkmal haben wird das alles zu verdanken. Der Bankier Wilhelm Seyfferth, der auch maßgeblich am Bau der ersten Eisenbahn beteiligt gewesen ist, hat 1881 seinen parkartigen Garten der Stadt übereignet und verfügt, dass er niemals bebaut werden dürfe. Bis heute hat sich die Stadt daran gehalten.

Seite 98/99:
Nach der Wiedergründung des Deutschen Reichs 1871 konnten sich Preußen und Bayern lange Zeit nicht darüber einigen, in welchem der beiden Länder das Oberste Reichsgericht arbeiten solle. Als Kompromiss kam es nach Sachsen. In dem imposanten Bau der Kaiserzeit (1888–95) hat seit 2002 das Bundesverwaltungsgericht seinen Sitz. – Der wieder geöffnete Pleißmühlgraben heißt an dieser Stelle Mendelssohn-Ufer, weil in der Nähe das Denkmal für den großen Musiker stand, das 1936 von den Nazis zerstört wurde.

BUNDESVERWALTUNGSGERICHT

Oben:
Die Figur der Wahrheit trägt die erleuchtende Fackel hoch erhoben, damit sie von der Zentralkuppel des Gerichtsgebäudes aus über das ganze Reich leuchte, so dachten sich die Architekten die Symbolkraft ihres Baues. Auf der Spitze des kleineren Kaiserturms ruht die deutsche Kaiserkrone.

Rechts:
Aus dem Vermögen des Kunstfreundes Fritz von Harck wurde die kleine Grünanlage mit Fontäne zur Verschönerung der Stadt angelegt.

Links:
Wenn Bibliotheken als „Gedächtnis des Landes“ gelten, dann ist die Albertina das Langzeitgedächtnis, in dem Bücher seit dem 12. Jahrhundert archiviert sind. Sogar die früheste erhaltene Handschrift des Alten Testaments wird hier aufbewahrt. „Dem Studium der Wissenschaften und der freien Künste in Leipzig geweiht“, kündet der lateinische Spruch an der Attika.

Unten:
In den Jahren 1992–2000 ist die im Krieg schwer beschädigte Universitätsbibliothek restauriert worden, auch die würdevolle Haupttreppe, die zu den Katalogen und Lesesälen führt und Jahrzehnte lang nicht zu benutzen war.

Linke Seite:
Zur Erinnerung an die in der Völkerschlacht gefallenen russischen Soldaten ließ der Zar die Russische Gedächtniskirche erbauen, die im Oktober 1913 geweiht wurde. Bis heute bietet sie der russisch-orthodoxen Gemeinde in Leipzig eine Heimstatt.

Das 1892 erbaute Wohnhaus in der Beethovenstraße ist ein würdiger Nachbar der Universitätsbibliothek. Der Architekt Arwed Roßbach hat mit diesem Bau eines der schönsten Zeugnisse des Historismus in der Stadt geschaffen.

Der Art-Déco-Stil der 1920er-Jahre bestimmt das Aussehen des neuen Grassi-Museums am Johannisplatz. Der Kaufmann Franz Dominic Grassi hatte im Jahre 1881 der Stadt ein Vermögen von 2,327 Millionen Goldmark hinterlassen, von dem zahlreiche Kulturbauten finanziert werden konnten.

Seite 104/105:
Der Große Lesesaal darf wohl das Herzstück der Deutschen Bücherei genannt werden, wenngleich der Schatz, das gesammelte deutschsprachige Schriftgut seit 1913, in den Magazinen liegt. Seit 2006 ist die Deutsche Bücherei Kernstück der Deutschen Nationalbibliothek, mit zwei weiteren Standorten in Frankfurt am Main und Berlin.

Der Zoo Leipzig gehört zu den Besucherattraktionen Leipzigs. Schon am Eingang grüßt ein Löwe: Wappentier der Stadt und zugleich des Zoos, den man wegen seiner Zuchterfolge schon einmal „Löwenfabrik" genannt hat. Große und kleine Tiere dienen nicht nur der Unterhaltung des Publikums, sondern zuerst der wissenschaftlichen Forschung. Das gilt in

besonderem Maße für die Primatenforschung, für die im Zoo optimale Voraussetzungen geschaffen wurden.

Zu den Publikumslieblingen gehören die riesigen Elefanten ebenso wie die possierlichen Erdmännchen.

Oben:
Weil der Zoo eine moderne Forschungseinrichtung ist, gibt es keine Käfighaltung für die Löwen, die Tiere leben in der naturgerecht gestalteten Savanne „Makasi Simba“.

Rechts:
Für Zoobesucher und Wissenschaftler gleichermaßen bedeutsam ist das 30 000 Quadratmeter große „Pongoland“, eine Anlage, in der die speziellen Verhaltensweisen der vier Menschenaffenarten erforscht werden.

Oben:
Der Zoo befindet sich in einer gewaltigen Umgestaltungsphase. Landschaften aller Kontinente mit den dazu gehörenden Tieren und Pflanzen soll man als Lebensräume auf sich wirken lassen können. Einiges ist noch im Entstehen, anderes, wie der Weg durch den asiatischen Bambushain, bereits erlebbar.

Bilder links:
Auf dem Zoogelände befindet sich auch die Kongresshalle, ein um 1900 errichteter Multifunktionsbau mit mehreren Sälen für diverse Veranstaltungen, Gastronomie und einem Theater. Gegenwärtig wird der gesamte Bau rekonstruiert.

Gärten und Wälder – Leipzig grünlich

Bevor die Romantiker Anfang des 19. Jahrhunderts den Wald als Ort des seelischen Friedens entdeckt haben, galt er als Ort der Gefahren, vor allem aber als Energie- und Baustofflieferant. Je größer die Städte wuchsen, um so mehr wurde er geplündert. Mit der ersten Promenade waren den Leipzigern lebende Bäume wertvoll geworden. Der sächsische Graf Wackerbarth schreibt 1793: „Ach wie still und einsam ist's doch hier unter den grünenden Linden! Wie wohlthätig fürs Auge, wie bezaubernd fürs Herz! Wie verlassen die schöne, einzig in ihrer Art existierende Allee!" Dass der Umgang mit Bäumen moralisch veredelnd auf die Leipziger gewirkt haben muss, bemerkte die französische Schriftstellerin Madame de Staël bei ihrem Besuch im Jahre 1803: „Die Ehrlichkeit der Einwohner ist so groß, dass, als zu Leipzig ein Eigentümer an einen von ihm am Rande der öffentlichen Promenade gepflanzten Apfelbaum einen Zettel geklebt hatte, worin er bat, dass man ihm doch die Früchte nicht rauben möchte, man ihm zehn Jahre hindurch keinen einzigen Apfel stahl. Mit dem Gefühl der innigsten Hochachtung habe ich diesen Apfelbaum gesehen."

Exotische Pflanzen

Die Leipziger Gärtner nutzten die weltweiten Verbindungen der Kaufmannschaft und kultivierten aus mitgebrachten Samen und Stecklingen exotische Pflanzen wie die aus Nordamerika stammende Robinie (Robinia pseudoacacia) oder den Lederhülsenbaum (Gleditsia triacanthus), der sogar nach dem Leipziger Botaniker Gleditsch benannt ist. In jener Zeit wird der grüne Wald als Ausgleich für das Leben in der grauen Stadt entdeckt. Der Romantiker Ludwig Tieck: „Ich forderte von der Natur Ersatz für die verlorenen Stunden und erhielt ihn." Leipzigs Umgebung bietet diesen Ersatz reichlich. Der österreichische Schauspieler Josef Kainz berichtete 1876 nach Hause: „Vergangenen Sonntag haben wir die mehrfach besprochene Wasserpartie gemacht. Wir fuhren um sechs Uhr vom Floßplatz mit einer prachtvollen Gondel ab, hielten mitten im dichtesten Walde, durch den ja die Pleiße fließt, bei einer fliegenden Kneipe Station und waren um acht Uhr in Connewitz am Ziel unserer Fahrt mitten im Johannapark. Da hielten wir uns in einer Waldkneipe bis gegen halb zehn Uhr abend auf und fuhren dann bei Mondschein und Sternenlicht am Wasser durch den Wald nach Leipzig zurück. Es war eine großartig schöne Partie, und man würde soviel Naturschönheit in der Umgebung Leipzigs gar nicht suchen." Jahrzehntelang ist diese Schönheit den Leipzigern versagt gewesen, als seit den 1940er-Jahren die stinkenden und giftigen Abwässer der Braunkohleverarbeitung die Gewässer verseuchten. Seit ein paar Jahren hat sich das Bild erfreulich gewandelt, es sind wieder Boote unterwegs. Ein italienischer Gastwirt hat aus seiner Heimat sogar venezianische Gondeln herbeigeschafft. Die ausgekohlten Gruben unweit der Stadt werden seit Ende der Sechzigerjahre geflutet, sodass mit dem Kulkwitzer und dem Cospudener bereits einige passable Seen entstanden sind.

Das Rosental, Leipzigs Stadtwald, ist Teil des Auewaldes mit allen Vor- und Nachteilen. Die ihn durchziehenden Wasserläufe sorgen dafür, dass er stets frisch und grün aussieht, aber sie sind auch Ursache dafür, dass „in dem wirklich herrlichen Rosentale zur besten Jahreszeit die Mücken keinen zarten Gedanken aufkommen ließen". So erinnerte sich Goethe, der hier nach eigenen Worten „poetisches Wildbret" suchte. Unter der Umweltbelastung zur DDR-Zeit hatte auch der Biotop Rosental zu leiden, sodass der Leipziger Dichter Georg Maurer froh war, wenigstens die Hochzeitstürme der Mücken tanzen zu sehen. Tiere ganz anderen Kalibers bevölkern den benachbart liegenden Zoologischen Garten. Aus dem „Fettviehhof" Ernst Pinkerts, der hier 1878 eine Gastwirtschaft mit Tierschau und „Scating-Ring" eröffnet hat, ist eine der renommiertesten Anlagen dieser Art in Deutschland hervorgegangen. War er einst berühmt für seine Löwenzucht, so kommt dem Zoo Leipzig derzeit das Verdienst zu, gemeinsam mit dem Max-Planck-Institut führend für die Primatenforschung zu arbeiten.

Links:
Auch wenn die Leipziger Gewässer noch nicht von Schiffen vieler Nationen befahren werden, es wird schon mal Flagge gezeigt.

Oben:
Das japanische Brückchen im Johannapark ist echt, der kleine See darunter künstlich angelegt.

Rechts oben:
Im Auewald leben die Bäume gewissermaßen „amphibisch", mal im Wasser, mal auf dem Trockenen.

Rechts Mitte:
Für die neu entstehenden Seen an der Leipziger Peripherie hat der Volksmund schnell einen Namen gefunden: Neuseenland.

Rechts:
Der Kanal, der das binnenländische Leipzig mit den Weltmeeren verbinden sollte, ist bis heute nicht vollendet worden.

Unten:
Das Gohliser Schlösschen ist nicht etwa als Adelssitz erbaut worden, es war ein Leipziger Rats- und Handelsherr, zum Geld-Adel der Stadt gehörend, der sich 1755/56 dieses spätbarocke Kleinod errichten ließ, das man schon bald als „Musensitz am Rosental" zu schätzen wusste.

Rechts oben:
Leipzigs ältestes Denkmal wurde 1780 aufgestellt, es zeigt Kronprinz Friedrich August, der 1806 erster König von Sachsen wurde. Ursprünglich stand es auf dem Königsplatz (heute: Leuschnerplatz) und wurde in den 1980er-Jahren zum Gohliser Schlösschen umgesetzt.

Rechts Mitte:
Die kunstvoll geschmiedeten Torflügel des Gohliser Schlösschens an der Hofseite zur Menckestraße stammen ebenfalls aus dem Barock, gehörten aber ursprünglich zu einem heute nicht mehr existenten Bauwerk, sie wurden erst in den 1980er-Jahren hierher umgesetzt.

Rechts unten:
Im Garten des Schlösschens stehen mythologische Figuren, die beziehungsreich auf das Verhältnis von Fruchtbarkeit und Handel anspielen.

S W E

Seite 114/115:
In dem riesigen ehemaligen Industriebau der Buntgarnwerke in Plagwitz, in den 1880/90er-Jahren erbaut, wird seit 1990 kein Garn mehr gesponnen. Die Räume sind seither umgestaltet zu Ateliers, Studios, Büros, Praxen, Kneipen, Ladengeschäften aber auch zu den so begehrten Lofts, einige sogar mit Wasseranschluss (rechts im Bild).

Rechts und rechte Seite:
Die Industriebauten der Buntgarnwerke in Plagwitz aus dem 19. Jahrhundert üben mit ihren byzantinisch-maurisch anmutenden Details heute einen hohen Reiz auf den Betrachter aus.

Rechts:
Die Könneritzbrücke von 1899 passt sich mit ihrer filigranen Stahlgitterstruktur genau in die Formensprache der Umgebungsarchitektur ein.

Zu den erfolgreich umgenutzten Produktionsanlagen älteren Datums gehört die Baumwollspinnerei im Stadtteil Plagwitz. Eine Anzahl junger Künstler, die zur sogenannten „Neuen Leipziger Schule" gezählt werden, hat hier ihre Ateliers. Deshalb ist es zweckmäßig, dass einige der ehemaligen Werkhallen von Galerien genutzt werden, zu denen sich inzwischen auch Geschäfte gesellt haben, in denen es Farben,

Papiere, Leinwand, Rahmen und auch sonst noch alles gibt, was gebraucht wird, um Kunst zu produzieren. Auch das Leipziger Schauspiel hat den spröden Kunstraum für die Inszenierung des Schiller'schen Schlachtendramas „Wallenstein" entdeckt.

Das „Industriedorf" Plagwitz, wie es Mitte des 19. Jahrhunderts genannt wurde, zeigt sehr anschaulich die Spuren der Geschichte. Nirgendwo sonst waren Wohn- und Werkbauten auf so engem Raum nebeneinander entstanden. Dabei war die Bausubstanz der Fabriken stabiler ausgelegt als die der Wohnhäuser. Das direkte Nebeneinander von Verfall und Rettung mag zwar für den Besucher einen gewissen romantischen „touch" haben, bringt aber für die heute hier Lebenden eine Fülle von Problemen mit sich.

Rechts und rechte Seite:
Wenn auch administrativ nicht zu Leipzig gehörig, zeigt der Herfurth'sche Park in Markkleeberg doch noch etwas von der alten Gartenkultur mit Baumgruppen, Blumenrabatten, kleinen Gewässern und antikisierenden Tempelchen. Die Villa des einstigen Zeitungskönigs von Leipzig wird derzeit als Hochzeitshaus genutzt.

Rechts:
Der klassizistische, um 1830 ehemals in Gerhards Garten errichtete Tempel hat später seinen jetzigen Standort nahe beim Klingerweg in Schleußig erhalten.

Seite 124/125:
Elster, Pleiße und Parthe – diese drei Fließgewässer durchziehen das Stadtgebiet. In zurückliegender Zeit überschwemmten sie fast regelmäßig nicht nur die Flussauen, sondern auch die Wohngebiete. Das Palmengartenwehr, 1913–17 im Stile einer mittelalterlichen Straßenbrücke erbaut, ist Teil der inzwischen erfolgreich komplettierten Flussregulierungen.

Der Tierzüchter, Großhändler und Kunstliebhaber Maximilian Speck von Sternburg (1776–1856) hat seinen Landsitz in Lützschena mit einem Park im englischen Stil umgeben, der nach Jahren der Verwilderung jetzt wieder zu alter romantischer Schönheit gepflegt wird.

Einen „hortus medicus", einen Garten für Heil- und Würzkräuter, haben zunächst die Dominikaner und danach die Universität bewirtschaftet. Die alte, verloren gegangene Anlage wird seit den 1990er-Jahren von der Universität rekonstruiert.

Rechte Seite:
Das geschichtsträchtige Schloss Machern, eine halbe Autostunde von Leipzig entfernt, gehörte einst den Reichsgrafen von Lindenau, die hier im 18. Jahrhundert einen englischen Garten anlegten. Sie waren zur Goethezeit auch Eigentümer von Auerbachs Hof in Leipzig.

Mit dem 12. April 1996 begann für die Leipziger Messe eine neue Epoche, die ebenso gravierend war, wie der 1895 eingeleitete Wechsel von der Waren- und Budenmesse zur Mustermesse in festen, eleganten Messehäusern. Ein Messegelände, als ein funktional und ästhetisch geschlossenes Raumkontinuum geplant, das den unterschiedlichsten Präsentationsformen angepasst werden kann, das gab es bisher in Leipzig nicht. Die zentrale Glashalle ist über tunnelartige Übergänge mit den Messehallen und dem Congress-Centrum verbunden.

Forschungsforum '97

LEIPZIGER
MESSE

Halle
Hall 2
Freigelände
Outdoor Area
Halle
Hall 4
5
Zentralhalle Ost
Central Hall East
Halle
Hall 1
CCL Congress
Center Leipzig
EXIT
Halle
Hall 3
Halle
Hall 1
Halle
Hall 2
Freigelände
Outdoor Area
CCL Congress
Center Leipzig
EXIT

Seit in den 1930er-Jahren der Braunkohleabbau intensiviert wurde, sind im Leipziger Raum fast 100 Dörfer, Ortsteile, Siedlungen und Gutshöfe den Baggern zum Opfer gefallen. Kirchenglocken oder auch eine komplette Kirche konnten gerettet werden und halten ihren Ort in der Erinnerung der Nachkommen. Der verlorene Ort Cospuden lebt nach im Namen des schönen Sees, der sich heute über dem Areal des Dorfes erstreckt. Für die an größeren Gewässern arme Tieflandsbucht ist das Entstehen der Seenplatte eine großartige Bereicherung, für die vertriebenen Dörfler aber kein Trost.

Seite 132/133:
Der Cospudener See ist mit einer der schönsten Plätze, um im Sommer den Sonnenuntergang zu genießen.

5.8

Register

Am Sportforum
Leutzscher Allee
Zöllnerweg
Waldstr.
Goyastr.
WALD-STRASSEN-VIERTEL
Elsterbecken
Zentral-stadion
Glockenturm
Arena Leipzig
Cottaweg
Jahnallee
ZENTRUM-WEST
Marschnerstr.
Palmen-garten
Zentraler
Lützner Str.
Käthe-Kollwitz-Str.
Karl-Heine-Str.
Klingerweg
Kulturpark
Clara Zetkin
Die Nonne
SCHLEUSSIG
Könneritzstr.
Stieglitzstr.
Schleußiger Str.
Rödelstr.
Der Beipert
Elsterflutbett
Pleiße

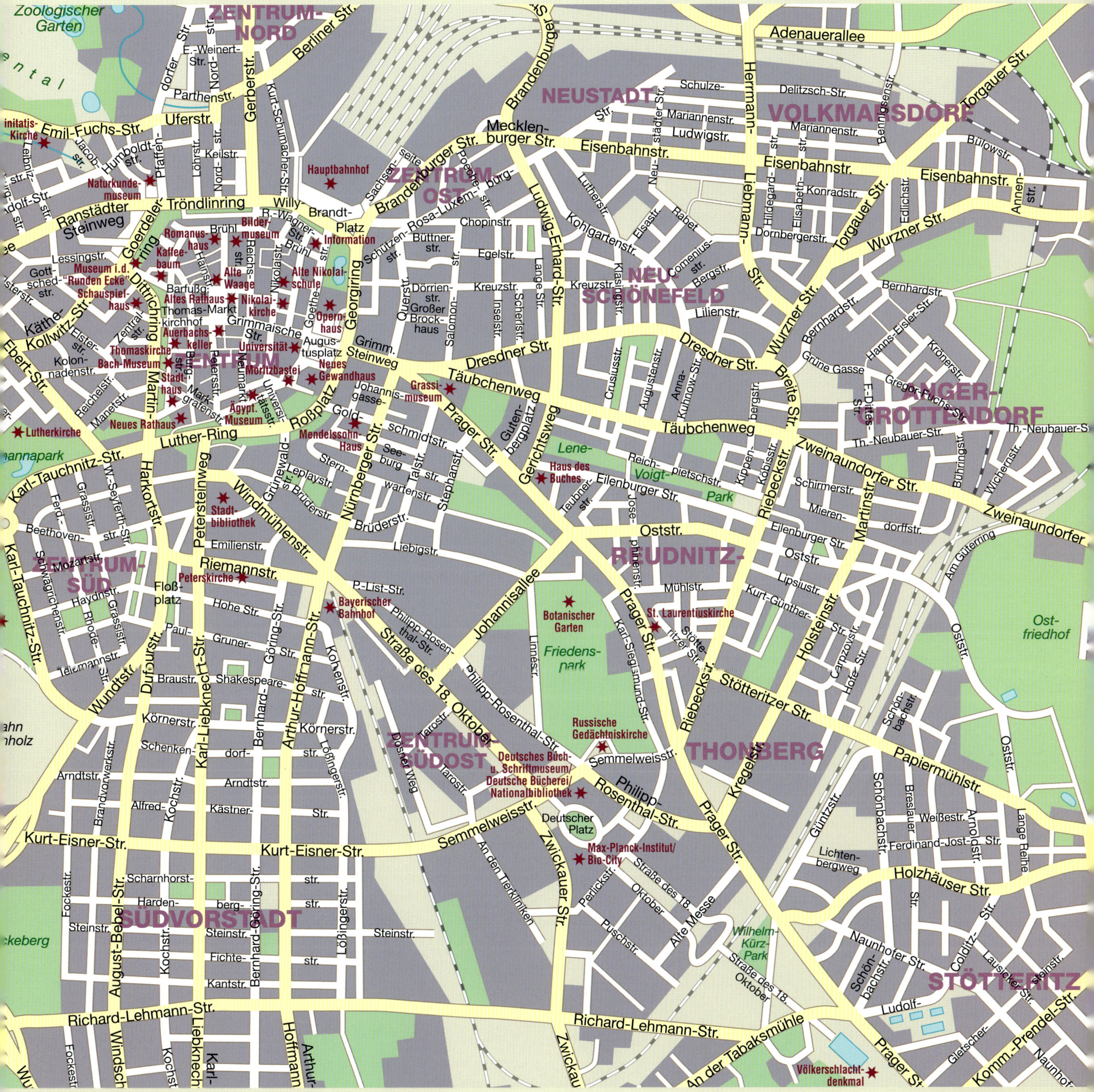
ZENTRUM-NORD
NEUSTADT
VOLKMARSDORF
ZENTRUM-OST
NEU-SCHÖNEFELD
ZENTRUM
ANGER-CROTTENDORF
REUDNITZ-
ZENTRUM-SÜD
ZENTRUM-SÜDOST
THONBERG
SÜDVORSTADT
STÖTTERITZ
Zoologischer Garten
Hauptbahnhof
Naturkunde-museum
Romanus-haus
Bilder-museum
Information
Kaffee-baum
Museum i.d. "Runden Ecke"
Schauspiel-haus
Alte Waage
Alte Nikolai-schule
Altes Rathaus
Nikolai-kirche
Opern-haus
Auerbachs keller
Thomaskirche
Bach-Museum
Universität
Moritzbastei
Neues Gewandhaus
Stadt-haus
Ägypt. Museum
Neues Rathaus
Lutherkirche
Grassi-museum
Mendelssohn-Haus
Haus des Buches
Stadt-bibliothek
Peterskirche
Bayerischer Bahnhof
Botanischer Garten
Friedens-park
St. Laurentiuskirche
Russische Gedächtniskirche
Deutsches Buch- u. Schriftmuseum/ Deutsche Bücherei/ Nationalbibliothek
Deutscher Platz
Max-Planck-Institut/ Bio-City
Lene-Voigt-Park
Wilhelm-Külz-Park
Ost-friedhof
Völkerschlacht-denkmal
Adenauerallee
Torgauer Str.
Eisenbahnstr.
Wurzner Str.
Dresdner Str.
Täubchenweg
Zweinaundorfer Str.
Prager Str.
Riebeckstr.
Stötteritzer Str.
Papiermühlstr.
Holzhäuser Str.
Richard-Lehmann-Str.
Kurt-Eisner-Str.
Semmelweisstr.
Karl-Liebknecht-Str.
Arthur-Hoffmann-Str.
Straße des 18. Oktober
Philipp-Rosenthal-Str.
Johannisallee
Windmühlenstr.
Nürnberger Str.
Roßplatz
Georgiring
Tröndlinring
Goerdeler-ring
Dittrichring
Martin-Luther-Ring
Karl-Tauchnitz-Str.
Harkortstr.
Peterssteinweg
Emil-Fuchs-Str.
Berliner Str.
Gerberstr.
Brandenburger Str.
Ludwig-Erhard-Str.
Hermann-Liebmann-Str.
Zwickauer Str.
An der Tabaksmühle
Alte Messe
Wundtstr.
August-Bebel-Str.
Kochstr.
Riemannstr.
Ranstädter Steinweg
Grimmaischer Steinweg
Gerichtsweg
Holsteinstr.
Kregelstr.
Oststr.
Naunhofer Str.
Komm.-Prendel-Str.

Ausblick auf das beleuchtete Leipzig – im Vordergrund das Neue Rathaus.

Impressum

Buchgestaltung
hoyerdesign grafik gmbh, Freiburg
www.hoyerdesign.de

Karte
Fischer Kartografie, Aichach

Bildnachweis
Alle Bilder von Tina & Horst Herzig mit Ausnahme von:
Benjamin Weinkauf, Leipzig: S. 64 oben, S.66/67 Mitte, S. 73, S. 78, S. 80 (2 Abb.), S82/83 Mitte, S. 86 (2 Abb.), S. 92, S. 113 oben, S. 126 (2 Abb.), S. 136.
Gert Mothes, Leipzig: Seite 36/37 (3 Abb.).

Printed in Germany
Repro: Artilitho snc, Lavis-Trento, Italien
www.artilitho.com
Druck und Verarbeitung: Offizin Andersen Nexö, Leipzig

ISBN 978-3-8003-1917-6

Unser gesamtes Programm finden Sie unter:
www.verlagshaus.com